Retrouvez nos prochaines parutions, les ouvrages du catalogue et les événements à ne pas rater sur notre site Internet. Vous pourrez également lire des extraits de tous nos livres, recevoir notre lettre d'information et acheter directement les ouvrages qui vous intéressent, en papier et en numérique !

À bientôt sur www.editionsleduc.com

Découvrez également toujours plus d'astuces et de bons conseils malins sur **www.quotidienmalin.com** et **www.facebook.com/QuotidienMalin**.

Cet ouvrage est une réedition du titre *Faites briller votre soleil*, paru en 2010 aux éditions Leduc.s.

Maquette : Sébastienne Ocampo
Illustrations : Fotolia

17, rue du Regard
75006 Paris – France
E-mail : info@editionsleduc.com
ISBN : 978-2-84899-619-6

Quotidien Malin est une marque des éditions Leduc.s

CÉCILE NEUVILLE
Psychologue

Préface de
Fabrice Boutain
Fondateur de
Anxa/Aujourdhui.com

Le secret
du bonheur permanent

QUOTIDIEN MALIN
ÉDITIONS

SOMMAIRE

PRÉFACE DE FABRICE BOUTAIN

C'est à Montpellier, la capitale française du bien-être, que j'ai rencontré Cécile Neuville en juillet 2008. C'était la première fois que nous nous voyions, mais nous avions déjà fait connaissance virtuellement pendant de longs mois grâce au blog qu'elle avait créé sur Aujourdhui.com, le site édité par notre société Anxa.

Même au travers de la toile, Cécile m'est immédiatement apparue rayonnante de bonheur et d'équilibre, heureuse dans sa jolie maison avec son mari, ses deux jumelles et son petit garçon qui devaient bientôt les rejoindre. Elle dégageait un magnétisme chaleureux, quelque chose d'attirant et d'impalpable qui m'a tout de suite donné envie de mieux la connaître, de réaliser quelque chose avec elle.

Le livre que vous avez entre les mains me touche particulièrement car il est le reflet exact de quinze ans de ma vie. D'ailleurs, je vais vous raconter une histoire : celle qui a fait de Cécile LA spécialiste française numéro un de la psychologie positive ainsi qu'une vraie célébrité sur Internet. Pour commencer, laissez-moi vous livrer les deux dates qui ont marqué ma vie professionnelle : elles correspondent aux deux révolutions Internet qui, à dix ans d'intervalle, ont transformé le monde – celle de 1995 appelée le *World Wide Web* et celle de 2005 qui a célébré l'avènement du fameux *Web 2.0*. Vous allez voir où je veux en venir…

En 1995, j'avais 24 ans, je finissais des études de management et de création d'entreprise qui me passionnaient à l'école de commerce de Bordeaux (Inseec). Pour cela, j'effectuais un stage de quatre mois en Chine à Guangzhou (Canton). Un jour, alors que des amis chinois partageaient un sandwich avec moi au bord du grand lac de Canton, l'un d'eux me demanda comment on définissait le bonheur en France : « C'est quoi le bonheur pour toi Fabrice ? Pourquoi es-tu toujours joyeux, résolument positif, amoureux de la France, de la Chine, du monde et de tout ce que tu fais ? »

Je tentais d'expliquer toutes les bonnes raisons que j'avais d'être heureux. Pour moi, c'était l'évidence même. J'avais beaucoup de chance d'être en Chine, d'avoir trouvé ce stage, d'être en bonne santé, d'avoir une famille qui m'a toujours soutenu, d'avoir bien travaillé pendant mes études et de pouvoir bientôt créer des sociétés et gérer des équipes. Finalement mon rêve était d'être un jour chef d'entreprise et de pouvoir travailler dur pour gagner de l'argent, avoir une famille, avec une voiture, une maison… et au fur et à mesure, je sentais bien que je m'en rapprochais.

Autour de la table, nous étions tous d'accord. Notre conclusion fut donc simple, le bonheur se résumait à trois choses :

- une famille ;
- de l'argent ;
- une belle voiture.

Dix ans plus tard, en 2005, j'avais réussi à obtenir tout cela. Nous avons eu deux enfants extraordinaires avec mon épouse et j'ai fait partie des vrais pionniers français de l'Internet en créant ma première société en 1996. Je suis passé au travers des deux révolutions Internet successives qui ont changé le monde et j'ai vendu ma boîte en janvier 2000, juste avant l'éclatement de la bulle – j'ai d'ailleurs gagné plusieurs millions. Et puis logiquement, je me suis acheté la voiture de Jack Bauer dans la série *24 heures chrono*, un gros 4x4 Ford, modèle Expedition !

Pourtant, malgré ce qui semblait être un succès foudroyant, j'avais le sentiment d'être moins heureux qu'en 1995 quand je n'avais rien d'autre que des rêves pleins la tête…

Cette fois encore, je me suis posé la question : c'est quoi le bonheur ? Comment le mesure-t-on ? Comment ça marche ? Pourquoi ne suis-je finalement pas plus heureux alors que j'ai tout ce que je désirais ? Le constat fut simple et cruel : la définition du bonheur que je partageais dix ans plus tôt avec mes amis chinois devait être erronée… Intrigué, je me suis lancé dans des recherches pendant près de six mois. J'ai acheté tous les livres sur le sujet, j'ai visité une quantité infinie de sites Web, j'ai discuté avec toutes celles et tous ceux que j'ai senti profondément heureux et j'ai tout testé. Loisirs, plaisirs, spiritualité : tout y est passé... Tout !

Au fil de mes recherches, j'ai réussi à mieux appréhender ce à quoi ressemble vraiment le bonheur, les valeurs intérieures auxquelles il correspond. Et j'ai appris à le mesurer dans la durée. Mieux : je le touche tous les jours, il fait partie de mon quotidien, de ma façon de vivre. Et tout cela, grâce à la méthode que vous allez avoir la chance de découvrir. C'est une autre RÉVOLUTION qui, je le sais, va influencer ma vie personnelle et professionnelle pour toujours. D'ailleurs, à partir de cette date, ma carrière a pris un tournant décisif : je me suis orienté vers le bien-être des communautés online.

Tout a changé pour moi, j'ai fait ma RÉVOLUTION 3.0 : mes relations avec mes enfants, ma femme, ma famille, mes employés, mes partenaires, mes amis ou l'argent ont été bousculées. J'ai huit piliers de vie très forts que j'ai appris à maintenir au niveau de satisfaction qui me convient.

- La famille et les amis
- La femme de ma vie
- La carrière professionnelle et les collègues
- La gestion de l'argent
- L'environnement matériel
- Le divertissement et les loisirs
- La santé et la forme
- Le développement personnel – *It is always day 1* ;-)

Ma rencontre avec Cécile m'a permis de rajouter un neuvième pilier, qui représente à la fois le XXIe siècle, la révolution Internet 3.0 et une valeur qui m'est très chère. Ce neuvième pilier, qu'on ne trouve que dans la méthode de Cécile, est le passage à l'action, la résolution de faire les choses ici et maintenant, de ne pas repousser au lendemain ce qui peut être accompli sans délai.

Cécile est le meilleur coach que j'ai jamais rencontré. Elle a ce talent pour faire agir les gens, leur donner confiance, les écouter et répondre à leurs questions avec honnêteté et simplicité. Tout est facile avec Cécile : jolie rime et joli slogan ! Quelque part, elle représente le point d'arrivée de ma quête du bonheur. Le bonheur n'arrive pas tout seul : il ne suffit pas de le vouloir, de l'espérer et de l'attendre tranquillement. Il faut aller le traquer, le trouver d'abord et l'apprivoiser ensuite. C'est une démarche pro-active, pas un état passif, il faut donc agir avec détermination. Le passage à l'action, ce neuvième pilier, est en conséquence une condition *sine qua non* du bonheur.

Cette passion du bonheur, je la partage avec Cécile. C'est pour cette raison que ma société Anxa investit si largement dans des offres gratuites sur le portail leader du bien-être en France, Aujourdhui.com. Notre vision, même si elle peut paraître naïve à certains, est d'apporter du bonheur aux gens. Mais nous ne pouvons rien faire seuls. Notre objectif est donc d'offrir à toutes les personnes qui veulent mieux vivre des opportunités de passer à l'action et d'atteindre leurs objectifs. D'ailleurs, sur Aujourdhui.com, vous retrouverez Cécile et toute une équipe de gens 100 % positifs à son image.

Son ouvrage est donc d'utilité publique ! Offrez-le à vos trois meilleurs amis en leur demandant de faire la même chose. Cette méthode a le pouvoir de transformer l'existence de dizaines de milliers de personnes et sans doute davantage. Faisons donc ensemble notre révolution 3.0 (Internet – Bonheur – Action) !

Bravo et merci à Cécile pour avoir publié ce livre, mais surtout maintenant BRAVO à vous ! Vous avez eu le premier déclic en prenant ce livre entre vos mains et en commençant à en lire les premières lignes. Le premier chapitre risque bien de changer votre vie pour de bon.

Alors si vous êtes déterminé à vivre une existence plus riche, plus belle et plus positive, au propre comme au figuré, tournez la page…

FABRICE BOUTAIN,
Fondateur de Anxa/Aujourdhui.com

INTRODUCTION

Depuis aussi longtemps que je m'en souvienne, j'ai toujours eu cette vocation à vouloir aider les autres. Toute petite déjà, j'aimais aider ma mère à préparer de bons gâteaux (au chocolat de préférence !). Dès l'école, c'était un plaisir pour moi d'aider mes camarades à faire leurs devoirs, puis au collège d'aider mes copines à se remettre de leurs peines de cœur. Arrivée au lycée, j'ai découvert que de nombreuses familles avaient leur lot de difficultés et, naturellement, je ressentais le besoin d'aider mes amies à surmonter des situations toutes plus délicates les unes que les autres, des parents alcooliques aux tendances suicidaires, de la boulimie à l'anorexie, du deuil au divorce des parents, du viol durant la petite enfance au harcèlement au sein de l'établissement. Et moi, au milieu de tout cela, je réalisais la chance que j'avais d'avoir une vie « normale ». En même temps, plus je découvrais la complexité de la vie des autres, plus je trouvais ma vie « normale », et plus je me disais que la vie était surtout « injuste ». Étais-je alors plus heureuse que ces autres personnes en souffrance ? À ce moment-là, il était impossible pour moi de concevoir les choses autrement. De quoi pouvais-je me plaindre ? J'avais tout pour être heureuse. Et pourtant…

Combien de personnes aujourd'hui viennent me consulter en tant que psychologue, presque mal à l'aise de m'avouer qu'elles se demandent pourquoi elles font cette démarche, car elles ont en apparence tout pour être heureuses, mais elles sentent pourtant que quelque chose les empêche de l'être ? De quoi peuvent-elles se plaindre ? Pas de viol, pas de problème d'alcoolisme, pas de violence particulière dans leur vie, juste un sentiment de mal-être, une émotion qui les empêche de s'épanouir, de vivre, de profiter de la vie, de sourire.

Évidemment, beaucoup d'autres viennent voir la psychologue que je suis, avec pour objectif de régler une situation de leur passé, afin de se libérer d'un poids, d'un frein, d'une frustration ou d'une peur liée à leurs vies plus ou moins marquées par des événements traumatisants tels que ceux cités précédemment. Dans un cas comme dans l'autre, finalement, la démarche reste la même : ces personnes souhaitent « aller mieux », « guérir », « mieux gérer leurs émotions » ou « avoir plus confiance en elles ».

En un mot comme en cent, elles recherchent tout simplement à être heureuses, elles recherchent le « bonheur ».

Le bonheur est le thème de ce livre. Il est si subjectif et pourtant si recherché, si discret et pourtant si désirable, si subtil et si complexe à la fois.

Dans une première partie, je vais vous montrer que le bonheur permanent existe et qu'il est à la portée de tous. Je vais vous expliquer de quoi il dépend. Vous saurez tout et même plus encore car je vais vous familiariser avec une nouvelle approche du bonheur plus scientifique : la psychologie positive appliquée.

Dans la seconde partie, place à la découverte ! Je vous apprendrai ce qu'est le « déclic positif » et nous verrons ensemble comment le provoquer en vous facilement et rapidement.

Si vous faites partie de ces personnes impatientes qui souhaitent immédiatement du concret pour passer à l'action dès maintenant, vous pouvez aisément commencer ce livre en vous rendant directement à la troisième partie. Vous aurez alors accès à la Méthode de psychologie positive appliquée au coaching positif de vie que j'ai élaboré, reposant sur ce que j'appelle les 9 piliers de vie. Vous aurez l'occasion de vous approprier cette technique dans votre vie actuelle et vous sentirez certainement un changement avant même de tourner la dernière page de ce livre.

Enfin, la dernière partie vous ouvrira des perspectives plus spirituelles, et vous amènera à réfléchir plus particulièrement sur le sens de votre vie, ce sens qui vous permettra de toujours garder le cap, de vous rapprocher toujours plus d'un bonheur permanent encore plus épanouissant.

Par cet ouvrage, j'ai tout simplement voulu partager avec vous ce qui m'a permis de passer de cette petite fille à la vie si « normale » à cette femme à la vie si « exceptionnelle ». Aujourd'hui, j'ai ce sentiment d'être une privilégiée, non pas que la vie m'ait toujours épargnée (moi aussi j'ai eu mon lot de difficultés tout de même), mais simplement car j'ai découvert des techniques et un regard sur le monde, sur ma vie et sur moi-même qui me permettent désormais d'affirmer tout simplement et en toute modestie que je suis HEUREUSE. J'ai le privilège de faire partie des personnes qui ont trouvé le bonheur et qui ont compris comment le préserver et même en augmenter progressivement l'intensité. Alors maintenant : c'est à vous de jouer !

VOTRE CARNET POSITIF !

Tout au long de ce livre, vous aurez la possibilité de faire des petits exercices positifs, qui peuvent vous aider à prendre mieux conscience de chaque concept, de chaque idée évoquée. Afin de centraliser tous vos →

résultats, et ainsi de pouvoir y revenir facilement, je vous invite à vous munir d'un carnet ou d'un cahier, que j'appellerai *votre carnet positif*. Il vous servira tout au long de ce livre, et même certainement tout au long de votre vie. Vous pourrez y noter vos résultats, mais aussi toutes vos pensées positives, vos bons souvenirs, vos fiertés, etc. Il ne tient qu'à vous de le personnaliser à votre guise pour vous l'approprier. Laissez libre cours à votre imagination. Une seule règle : ne noter que du POSITIF !

Libre à vous maintenant de faire ou non ces exercices, au fur et à mesure ou tous à la fin. Vous pourrez toujours revenir dessus plus tard, les faire et les refaire autant que vous le souhaitez !

PARTIE I

LA PSYCHOLOGIE POSITIVE AU SERVICE DE VOTRE BONHEUR

LES CLÉS DE VOTRE PROPRE BONHEUR

Vous êtes-vous déjà demandé ce que vous aimeriez le plus améliorer dans votre vie ? Peut-être aimeriez-vous changer de travail, de maison, de conjoint, de famille ou même de corps ? Il est naturel dans notre société actuelle de rêver d'un travail mieux rémunéré, d'une maison plus grande, d'un conjoint plus attentionné, d'une famille plus simple ou d'un corps plus mince. Et si vous vous demandiez ce que vous apporteraient ces changements ? Quel serait le résultat de la réalisation de ces rêves pour vous ?

Il me vient à l'esprit l'expérience d'une personne que j'ai accompagnée. Appelons-la Julie.

Je me souviens, nous sommes en automne et Julie vient de mettre au monde un petit garçon. Elle profite de son congé maternité pour réfléchir et prendre du recul sur sa vie. Elle m'avoue qu'elle manque de confiance en elle et qu'elle n'arrive plus à avancer. Elle a le sentiment de stagner et culpabilise de ne pas se sentir capable de faire bouger les choses. Lorsque je demande à Julie ce qu'elle aimerait le plus changer dans sa vie, elle me répond qu'elle veut tout simplement se sentir heureuse. Julie est à la recherche du bonheur.

Finalement, qui peut prétendre désirer autre chose sur cette terre que le bonheur ? Derrière tous vos rêves de changements, n'êtes-vous pas vous-même à la recherche du bonheur ? Le simple bonheur permet de ne plus avoir à rechercher autre chose. Si vous vous sentez heureux, avez-vous besoin de chercher autre chose ?

Eh bien, OUI ! La quête du bonheur est sans fin. Même lorsque vous êtes heureux, le bonheur ne réside pas simplement dans le fait de se contenter de profiter de l'instant présent. Il s'agit aussi de savoir que vous le resterez jusqu'à la fin de votre vie et que vous serez même encore plus heureux dans l'avenir. Or qui peut prédire que toute sa vie, il sera toujours plus heureux qu'il ne l'est actuellement ? Personne. Mais pour autant, qui peut l'espérer ? Tout le monde, vous, moi.

La quête du bonheur permanent est avant tout l'espoir d'un avenir toujours meilleur. Imaginez que vous vivez le meilleur moment de votre vie. Vous pouvez effectivement en profiter au maximum sur le moment, mais cela vous oblige aussi forcément à faire le deuil de meilleurs moments à venir. Si le bonheur de l'instant présent est essentiel, l'espoir de futurs moments encore meilleurs ne peut que le renforcer. Le bonheur est alors à la portée de tous et peut ainsi être permanent.

EN RÉSUMÉ

Le bonheur de l'instant présent n'est possible que si vous parvenez à profiter de cet instant tout en gardant l'espoir d'un avenir toujours meilleur. C'est LA solution pour vivre un bonheur permanent.

EXERCICE POSITIF :
MES RÉFÉRENCES DU BONHEUR

Pensez à trois personnes que vous considérez heureuses. Profitent-elles selon vous de l'instant présent ? Ont-elles selon vous l'espoir d'un bel avenir ? Et pour aller plus loin, quels sont leurs points communs ? Notez vos réponses dans votre carnet positif, afin de pouvoir y revenir plus tard et ouvrir en vous une réflexion sur le sujet qui ne peut que vous apporter du bon.

LE BONHEUR EST-IL À VOTRE PORTÉE ?

« Le bonheur est à la portée de tous. » Que pensez-vous de cette affirmation ? Dans ce monde, il existe autant de réponses différentes que de personnes qui se posent la question un jour. Pourtant, les mots sont simples, la phrase est brève et précise. Au-delà des mots, chacun y associe ses représentations. La représentation du bonheur est différente pour chacun. Or, la vision d'un bonheur pour tous est une idée qui fait débat depuis des siècles. Ce n'est donc pas en une phrase que nous mettrons tout le monde d'accord.

Cependant, il me semblait intéressant de revenir sur cette phrase. L'un de mes objectifs est effectivement de vous amener à pouvoir la relire une fois ce livre terminé et vous surprendre à penser que cette affirmation est bien une évidence.

Chaque chose en son temps. Il ne sert à rien d'aller trop vite, au risque de passer à côté de l'essentiel. Les objectifs sont importants, mais le chemin à parcourir pour y parvenir l'est tout autant. Comme l'aurait dit Lao Tseu, considéré comme le fondateur du taoïsme : « Il n'y a point de chemin vers le bonheur : le bonheur c'est le chemin. »

Comme dans toute démarche constructive, certaines étapes sont essentielles pour atteindre le résultat que vous recherchez. Franchissez-les une à une, doucement mais sûrement.

SOYEZ EN QUÊTE DE VOTRE BONHEUR

Il est probable que l'une de vos ambitions dans la vie soit de rendre heureuses les personnes que vous aimez. Vous passez peut-être même votre temps à aider les autres, à les écouter et les encourager. Vous avez sans doute la sensation que le bonheur des autres suffit en lui-même à faire votre bonheur. Est-ce réellement le cas ?

Je voudrais vous parler d'une jeune femme de 25 ans, que j'appellerai Sophie. Sophie semble tout avoir pour être heureuse aux yeux des autres : elle va se marier, elle a brillamment réussi ses études au point de se retrouver déjà à un poste très enrichissant et très bien rémunéré. Elle est même entourée de nombreux amis et d'une famille très unie. Pourtant, lorsque Sophie se présente à moi, son objectif est de pouvoir aider ses amis, ses proches, sa famille et de rendre heureux son futur mari. Elle se sent incapable d'y arriver et, pourtant, c'est la seule chose qui semble la motiver dans la vie. Sophie est en quête du bonheur des autres. Nous avons travaillé sur sa confiance en elle, nous avons développé sa vision optimiste de la vie, elle a fini par avoir ce déclic positif et, depuis, sa vie a changé. Même si Sophie est toujours à la recherche du bonheur des autres, elle a conclu de ce travail sur elle-même que sa priorité était finalement son propre bonheur. Elle est aujourd'hui persuadée que si son bonheur à elle passe par le bonheur des autres, c'est avant tout parce que le bonheur des autres passe par son propre bonheur !

Vous avez chacun des façons différentes de vous représenter le bonheur, de le chercher. Vous pouvez le chercher dans votre couple, dans votre travail, ou bien encore dans le bonheur des autres comme Sophie. Peu importe le moyen, l'essentiel est tout d'abord de prendre conscience que votre principal objectif est votre propre bonheur. Vous êtes à la recherche de votre propre bonheur, et vous avez le droit au bonheur !

EXERCICE POSITIF : **LES ÉNERGIES DU BONHEUR**

Dans quel(s) domaine(s) de votre vie avez-vous la sensation de mettre le plus d'énergie ? Votre travail ? Votre couple ? Votre famille ? Votre passion ? Vos amis ? Votre santé ? Votre argent ? Peut-être même dans votre dépression ?

Et avec le recul, dans quel(s) domaine(s) de votre vie pensez-vous que vous devriez mettre plus d'énergie pour être plus heureux ? Notez vos réponses dans votre carnet positif afin de pouvoir y revenir plus tard.

VOUS AVEZ LE DROIT AU BONHEUR

Avez-vous le droit d'être heureux ? Vous, oui vous ! Vous est-il déjà arrivé de vous poser cette question ? Il est possible que vous hésitiez à y répondre, un peu comme si quelque chose vous empêchait de vous accorder ce droit. Peut-être un peu comme si vous ne le méritiez pas ?

Il m'arrive régulièrement d'être surprise par les réponses que font les différentes personnes que j'accompagne à cette question.

Il me vient à l'esprit en particulier un homme d'une cinquantaine d'années, François, qui, après avoir été plusieurs dizaines d'années assistant de direction et directeur dans des établissements scolaires, a finalement cédé à la pression de son travail et s'est retrouvé en congé pathologique pour dépression. Lorsque François vient me consulter, il vient de passer un an et demi de suivi psychiatrique, de tentatives de suicide et de repli sur lui-même. Mais un jour, une petite voix l'amène à faire un pas dans une nouvelle direction. Lors de notre première rencontre, François m'explique que son objectif est de retrouver une sérénité avec lui-même. Connaissant les différentes étapes par lesquelles il est déjà passé avant de venir me consulter, j'ose lui demander s'il pense avoir droit à une vie sereine. Après un instant de réflexion, un sourire s'affiche alors sur son visage et je suis la première surprise par sa réponse. Il m'explique en effet qu'il n'y avait jamais songé, mais que, jusqu'à présent, il n'avait écouté que les conseils de ses proches et était allé consulter un psychiatre, avait pris des médicaments uniquement pour leur faire plaisir, pour ne pas les décevoir. Il m'affirme alors que c'est finalement la première fois qu'il entreprend une démarche par lui-même et qu'il réalise que c'est aussi la première fois qu'il ressent avoir, lui aussi, le droit d'être heureux, quoi qu'en pensent ses proches. Sa représentation du regard des autres sur sa propre vie l'amenait à s'interdire le droit d'être heureux. À la fin de cet entretien, François était fier de pouvoir dire que, désormais, il s'accordait le droit d'être heureux et qu'il allait enfin se donner les moyens de l'être.

Et vous alors ? Vous accordez-vous ce droit au bonheur ? Vous méritez ce bonheur ! Quelles que soient vos conditions de naissance ou votre situation actuelle, vous avez le droit au bonheur. Que vous soyez heureux de vivre ou dépressif, au chômage, salarié, cadre ou étudiant, riche, pauvre, dépensier ou économe, plus ou moins jeune, de nationalité française ou non, vous avez la possibilité, à n'importe quel moment de votre vie, de revendiquer votre droit au bonheur.

EN RÉSUMÉ

Quelle que soit votre situation actuelle, quel que soit le contexte, quel que soit votre passé, vous avez le droit au bonheur et vous pouvez l'atteindre ! (Le bonheur est à la portée de tous. Encore faut-il y penser et ouvrir les bonnes portes pour y accéder.)

EXERCICE POSITIF :
MA REPRÉSENTATION DU BONHEUR

Listez dans votre tête tous les mots qui vous viennent à l'esprit quand vous pensez au bonheur, écrivez-les chacun sur un Post-it différent. Reprenez tous les Post-it et regroupez-les par tas de mots qui vous semblent proches. Nommez chaque tas d'un mot qui vous semble bien résumer les éléments qui le contiennent. Vous obtiendrez votre représentation du bonheur en quelques mots. Notez ces mots dans votre carnet positif afin de pouvoir y revenir plus tard.

LA PSYCHOLOGIE POSITIVE À VOTRE SERVICE !

COMMENT LES GENS FONT-ILS POUR ÊTRE PLUS HEUREUX ?

Il est probable que vous ayez dans votre entourage une personne en particulier qui vous inspire de l'admiration tellement le bonheur lui sourit. Vous connaissez sinon sans doute une personne qui a particulièrement réussi sa vie professionnelle, une autre dont le couple semble parfait à tout point de vue, ou même une encore qui a une telle facilité à lâcher prise sur les difficultés de la vie qu'elle vous laisse sans voix. Ces personnes vous agacent peut-être un peu parfois mais, au fond, n'aimeriez-vous pas connaître leur secret pour atteindre un tel niveau de bonheur ?

C'est à force d'observer ces personnes heureuses, ces personnes épanouies professionnellement, financièrement, amoureusement ou émotionnellement que des chercheurs ont commencé à s'intéresser de plus près aux facteurs favorisant ces bonheurs. Vers la fin des années 1980, des psychologues ont en particulier commencé à regarder le monde autour d'eux en se posant la question suivante : « Qui sont les gens heureux dans le monde ? Que font-ils pour réaliser et maintenir un tel bonheur ? »

C'est vers les traditions orientales que beaucoup de psychologues occidentaux se sont tout d'abord tournés en quête d'une réponse à ces questions. Pour nombre d'Occidentaux, le bouddhisme est associé aux moines tibétains qui, le sourire aux lèvres, méditent de longues heures durant, ce qui semble les rendre très heureux. La méditation serait-elle la solution ?

Les études scientifiques réalisées dans les années 1980 sur l'activité cérébrale des moines durant leur méditation ont déterminé que les zones du cerveau liées aux sensations positives et à la joie voient leur activité augmenter à un plus grand degré que celle des méditants non-bouddhistes, qui se détendent et ont juste des pensées plaisantes. Il ne s'agit donc pas uniquement de la méditation. Les bouddhistes mettent en application d'autres éléments favorisant cet accès au bonheur.

Ainsi, l'idée de l'accomplissement du bonheur s'est tout d'abord développée en lien étroit avec le bouddhisme. Le dalaï lama a écrit un livre avec le psychiatre Howard Cutler intitulé *L'Art du bonheur*, dans lequel il précise que le bonheur n'est pas une caractéristique fixe de la condition humaine. Du fait de la plasticité du cerveau, le bonheur peut être augmenté avec un entraînement mental. Tout le monde, vous y compris, est capable de s'entraîner au bonheur. Mais comment ?

Alors que les scientifiques ont dépensé beaucoup d'énergie à comprendre ce qui peut provoquer les maladies, les symptômes ou les dépressions, un nouveau mouvement de recherches se développe alors dans les années 1990 avec des psychologues tels que Martin Seligman et Mihaly Csikszentmihalyi. Le mouvement vers une psychologie positive se forme alors petit à petit pour désormais comprendre ce qui peut provoquer la joie, la bonne santé, la réussite et le bonheur.

POUR ALLER PLUS LOIN

Les origines de la psychologie positive

Dans un avion, Martin Seligman, psychologue américain, entame une conversation avec un homme, chef d'entreprise. Ce dernier évoque la créativité et l'optimisme de ses employés. Alors que Martin Seligman lui explique qu'il est chercheur en psychologie et qu'il s'intéresse particulièrement au sentiment d'impuissance comme facteur majeur de dépression, ce chef d'entreprise lui pose alors une question qui sera décisive dans la vie du futur fondateur de la psychologie positive : « Et est-ce que vous avez pensé au revers de la médaille ? Pouvez-vous prévoir quels sujets ne renoncent jamais ? »

À ce moment-là, le « déclic » de Martin Seligman a consisté à envisager le bien-être des personnes d'un autre point de vue que l'origine du mal-être. Pourquoi ne pas étudier l'origine du bien-être et les facteurs favorisant l'optimisme et la motivation plutôt que l'origine du mal-être et les facteurs favorisant la dépression ? Les résultats ne sont plus les mêmes et la recherche n'a plus le même objectif. L'approche de la psychologie change alors de vocation : la psychologie traditionnelle s'attache à aider les personnes qui vont mal à aller bien, tandis que la psychologie positive s'intéresse à aider les personnes à aller toujours mieux, qu'elles aillent mal ou non au départ.

La psychologie positive est donc révolutionnaire en ce qu'elle s'intéresse à ce qui rend les gens heureux, à ce qui peut vous rendre heureux. Son objectif est finalement de développer votre capacité à aimer et être aimé, à donner du sens à vos actions, à être →

responsable de ce que vous pouvez changer et à savoir « lâcher prise » face à ce que vous ne pouvez pas éviter. Martin Seligman a donc été l'un des premiers psychologues à comprendre une chose essentielle : vous pouvez passer à côté de la vie si vous n'entraînez pas votre esprit à percevoir ce qu'il y a de gratifiant et de joyeux dans votre vie, au lieu de vous concentrer seulement sur les difficultés. Le rôle central de la psychologie positive est de vous aider à trouver cet équilibre vers le positif.

Vous vous demandez sans doute pourquoi alors vous n'avez pas entendu parler de tout cela plus tôt. Si des solutions existent pour être plus heureux, pourquoi ne sont-elles pas plus répandues ? Tout simplement parce que ce courant de recherches est très récent. C'est seulement en 1998 que, grâce à Martin Seligman, Ray Fowler et Mihaly Csikszentmihalyi, la psychologie positive a officiellement été reconnue. Certains parlent alors de la nouvelle science du bonheur, qui a donc à peine une quinzaine d'années.

De plus, il ne s'agit pas d'une science exacte comme la médecine, mais bien d'une science humaine, et en cela, elle est moins facile à évaluer, à « chiffrer » et donc à communiquer. C'est pourquoi tous les chercheurs en psychologie ont beaucoup de mérite. Une autre particularité de la psychologie positive, c'est que, bien plus qu'une science ou un objet de recherche, il s'agit aussi et surtout d'une philosophie de tous les jours, d'une approche thérapeutique, d'un leitmotiv personnel et d'une passion pour de plus en plus de personnes qui, comme moi, et peut-être comme certains d'entre vous, sont déjà à la recherche du bonheur permanent.

→

Développement de la psychologie positive

Aux prémices de la psychologie positive, le courant de la psychologie humaniste – représentée entre autres par des auteurs aussi célèbres que Carl Rogers ou Abraham Maslow – avait déjà commencé à mettre en avant l'intérêt de recherches non plus sur les causes du mal, mais sur les moyens d'atteindre un mieux. Après la psychopathologie, Maslow revendiquait le besoin de partir à la découverte d'une psychologie de la santé. Ce n'est qu'avec l'arrivée de la psychologie positive que des recherches scientifiques sont enfin venues étoffer l'intérêt d'une telle démarche.

Financièrement encouragée par l'Institut national de la santé mentale, Sonja Lyubomirsky, directrice du laboratoire de psychologie positive de l'université de Californie, et son équipe sont parvenues à prouver de manière scientifique que vous avez la possibilité d'augmenter de 40 % votre bonheur et ce, quels que soient votre héritage génétique et les circonstances de votre vie. En 2005, déjà plus de cinquante groupes de recherche impliquant plus de cent cinquante universitaires dans diverses régions du monde s'intéressaient à ces thématiques pour mettre en évidence de tels résultats essentiels à la compréhension de l'origine du bonheur.

C'est ensuite en grande partie grâce à des démarches comme celle de Tal Ben-Shahar, professeur de psychologie positive à Harvard, ou de Lionel Ketchian, créateur du réseau mondial de « Club du Bonheur » (Happiness Club), que la psychologie positive s'est démocratisée et est devenue accessible au grand public.

Dans son livre *L'Apprentissage du bonheur*, Tal Ben-Shahar, surnommé le « Professeur de bonheur », →

donne des clés de la psychologie positive immédiatement applicables pour atteindre le bonheur. Il a été l'un des premiers à dispenser des cours sur la psychologie positive. Aujourd'hui, de tels cours sont donnés dans plusieurs dizaines d'universités américaines et européennes.

En France, Corinne Cosseron, fondatrice de L'École internationale du rire* a eu l'idée, en 2008, en découvrant les Happiness Clubs de l'Américain Lionel Ketchian, de concrétiser les moments de partage informels de fin de séance de rigologie® en « Club de Bonheur ». En 2012, dans la même lignée, le réseau des « Ateliers du Bonheur » s'est développé partout en France et même au-delà des frontières françaises. Il s'agit de mettre en pratique les principes de bonheur préconisés par les spécialistes mondiaux reconnus : philosophes, psychologues, psychothérapeutes et chercheurs scientifiques du courant de la psychologie positive. Ainsi, grâce à la propagation au grand public des résultats scientifiques et de leurs bénéfices concrets sur la vie de chacun, le bonheur devient réellement et de plus en plus accessible à tous.

* www.ecolederire.org

EXERCICE POSITIF :
LES RECHERCHES SCIENTIFIQUES SUR LE BONHEUR

En vous aidant d'Internet ou en vous rendant dans une médiathèque, par exemple, prenez une heure de votre temps pour trouver au moins trois résultats scientifiques obtenus par des chercheurs en psychologie positive. Vous serez sans doute surpris par ce que vous allez trouver ! Notez vos résultats de recherche dans votre carnet positif et parlez-en autour de vous !

LA PREMIÈRE CLÉ DU BONHEUR : L'OPTIMISME

Lorsque vous vous trouvez face à une situation, avez-vous la sensation de faire partie des personnes voyant le verre à moitié plein ou à moitié vide ? Cette métaphore est typique, car assez révélatrice du niveau d'optimisme de chacun.

Nous sommes tous plus ou moins optimistes ou pessimistes mais, quoi qu'il arrive, nous avons tous en nous cette capacité à être optimiste. Votre éducation et votre expérience vous ont peut-être déjà permis de développer votre capacité à voir le verre à moitié plein, mais il est possible qu'il vous semble difficile d'envisager que le verre puisse être autrement qu'à moitié vide. Quoi qu'il en soit, vous pouvez vous rassurer, vous avez en vous cette capacité à développer votre optimisme. Vous avez en vous cette force, il suffit juste de la mettre en lumière. C'est ce que Martin Seligman, a justement démontré par ses recherches sur les facteurs favorisant l'optimisme.

En effet, dans le cadre de ses recherches sur les facteurs du bonheur, Martin Seligman a mis en évidence un point commun à toutes les personnes les plus heureuses : leur niveau d'optimisme est particulièrement élevé. L'optimisme est donc l'un des facteurs qui favorisent le bonheur. Son équipe de recherche a alors voulu aller plus loin et comprendre quels étaient les points communs des personnes optimistes. Trois facteurs favorisant l'optimisme ont ainsi été mis en évidence :

- la permanence du positif : le positif dure dans le temps ;
- la généralisation du positif : le positif contamine tous les aspects de votre vie ;
- l'intériorisation du positif : vous êtes responsable des événements positifs de votre vie.

Petit à petit, si vous veillez à développer votre vision de la vie et de vous-même au travers de ces filtres, vous parviendrez à développer votre optimisme et donc à augmenter votre capacité à laisser entrer le bonheur dans votre vie.

POUR ALLER PLUS LOIN

La permanence du positif

Un optimiste perçoit la moindre difficulté comme quelque chose de passager, mais les moindres réussites comme des événements durables dans le temps. Les belles choses perdurent tandis que les moins belles s'effacent avec le temps. En voici des exemples :

- Permanence du positif (optimiste) :
  « J'ai toujours de la chance, c'est fou. »
- Contre-exemple (pessimiste) :
  « C'était un coup de chance aujourd'hui. »
- Non-permanence du négatif (optimiste) :
  « Je ne fais pas assez de sport en ce moment, mais je vais m'y remettre ! »
- Contre-exemple (pessimiste) :
  « Les régimes seront toujours inefficaces sur moi, je n'ai aucune volonté. »

→

La généralisation du positif

Un optimiste perçoit un événement positif comme influençant positivement le reste des événements de sa vie actuelle, mais les difficultés au contraire dans un domaine particulier de sa vie, n'influencent pas les autres domaines de sa vie. Seuls les éléments positifs peuvent contaminer les différents éléments d'une vie.

- Généralisation du positif (optimiste) :
  « Cette sortie avec mes proches ce week-end va m'aider à surmonter la déception de ne pas avoir été retenu pour le poste auquel j'avais postulé. »
- Contre-exemple (pessimiste) :
  « La déception de ne pas avoir été retenu pour ce poste va me gâcher mon week-end. »
- Non-généralisation du négatif (optimiste) :
  « Ce sport est fatigant, j'en trouverai un autre moins fatigant. »
- Contre-exemple (pessimiste) :
  « Tous les sports sont fatigants, j'arrête ! »

La personnalisation du positif

Un optimiste perçoit les événements positifs comme résultant de lui-même, de ses choix ou de ses actes, mais relègue la responsabilité des difficultés aux autres, au hasard ou à des mauvaises circonstances passagères. Nous sommes responsables des événements positifs de notre vie et, même si nous sommes ensuite responsables de notre réaction face à une difficulté ou un obstacle, nous ne sommes pas responsables des obstacles que nous pouvons rencontrer et que nous devons simplement apprendre à surmonter.

- Personnalisation du positif (optimiste) :
  « J'ai su profiter des bonnes occasions. »

→

- Contre-exemple (pessimiste) :
  « Ce n'était que le hasard, je n'y suis pour rien. »
- Extériorisation du négatif (optimiste) :
  « La chance n'était pas avec moi ce soir au poker. »
- Contre-exemple (pessimiste) :
  « Je suis vraiment nul au poker. »

EXERCICE POSITIF :
MON NIVEAU D'OPTIMISME

Prenez votre carnet positif et évaluez sur une échelle de 1 à 10 votre capacité sur chacun de ces facteurs d'optimisme.

Êtes-vous capable de voir les choses sous le point de vue de :

La permanence du positif ?
jamais 1 2 3 4 5 6 7 8 9 10 toujours

La non-permanence du négatif ?
jamais 1 2 3 4 5 6 7 8 9 10 toujours

La généralisation du positif ?
jamais 1 2 3 4 5 6 7 8 9 10 toujours

La non-généralisation du négatif ?
jamais 1 2 3 4 5 6 7 8 9 10 toujours

La personnalisation du positif ?
jamais 1 2 3 4 5 6 7 8 9 10 toujours

L'extériorisation du négatif ?
jamais 1 2 3 4 5 6 7 8 9 10 toujours

Faites ensuite une moyenne de vos notes obtenues et revenez sur cet exercice d'ici une semaine ou un mois pour comparer vos résultats.

LES CLÉS DE VOTRE BONHEUR : VOS FORCES PSYCHOLOGIQUES

Lorsque vous observez les personnes heureuses autour de vous, vous pouvez sans doute constater d'autres ressemblances que leur optimisme : ces personnes épanouies sont souvent très généreuses, bien dans leur corps, elles débordent de projets et savent souvent maîtriser leurs émotions. Aujourd'hui, grâce aux recherches de psychologie positive, vous allez découvrir en détail de nombreux autres points communs à ces différentes personnes et, par conséquent, vous allez prendre conscience des aspects de votre personnalité et de votre vie que vous pourriez renforcer pour être plus heureux encore, et ce quel que soit votre niveau de bonheur actuel.

En 2004, Christopher Peterson*, un autre des pères fondateurs de la psychologie positive, a en effet établi une liste de vingt-quatre forces du caractère regroupées en six vertus qui permettent à chacun d'évaluer ses forces psychologiques qui contribuent au bonheur.

Les 6 vertus favorisant le bonheur :

1. La **sagesse** et le **savoir** : pour acquérir et utiliser la connaissance.
2. Le **courage** : pour atteindre des objectifs malgré d'éventuels obstacles.
3. L'**humanité** et l'**amour** : pour écouter, comprendre et aider autrui.
4. La **justice** : pour favoriser l'harmonie sociale.

---

* Voir la bibliographie, p. 231.

5. La **tempérance** ou la **modération** : pour une meilleure maîtrise de soi et limiter les excès.
6. La **transcendance** : pour une ouverture d'esprit et de cœur.

En évaluant vos forces psychologiques réelles et en envisageant celles que vous aimeriez renforcer, vous mettez en évidence vos points forts favorisant déjà votre bonheur, ainsi que les points sur lesquels vous souhaitez évoluer pour en augmenter l'intensité.

Rappelons-nous bien qu'une vertu est un ensemble de dispositions qui vous permettent de bien agir. Elles se développent à force de répétitions d'actes concrets ; donc pour renforcer l'une ou l'autre de vos vertus, prenez le temps de vous entraîner à mettre en pratique les différentes forces de caractère associées à cette vertu.

EXERCICE POSITIF :

MES FORCES DE CARACTÈRE

Pour chacune des 24 forces de caractère ci-après, évaluez sur une échelle de 1 à 10 les deux aspects suivants :

Votre capacité naturelle à user de cette force de caractère :

pas du tout	1	2	3	4	5	6	7	8	9	10	tout à fait

Votre besoin ou votre envie de renforcer cette force de caractère :

pas du tout	1	2	3	4	5	6	7	8	9	10	tout à fait

Première vertu : la sagesse et le savoir

Ces forces cognitives favorisent l'acquisition des connaissances et leur usage. Christopher Peterson distingue donc cinq forces de caractère liées à la sagesse et au savoir favorisant l'accès au bonheur.

La curiosité : intérêt pour différents sujets, capacité et envie de les explorer et d'en découvrir toujours plus, mais aussi de chercher un intérêt positif à chaque expérience.

Capacité naturelle :	1	2	3	4	5	6	7	8	9	10
Besoin/envie :	1	2	3	4	5	6	7	8	9	10

L'amour de l'apprentissage : volonté d'acquérir systématiquement de nouvelles compétences et connaissances (en autodidacte ou non).

Capacité naturelle :	1	2	3	4	5	6	7	8	9	10
Besoin/envie :	1	2	3	4	5	6	7	8	9	10

L'ouverture d'esprit : sens critique qui permet d'examiner les choses sous tous les angles sans tirer de conclusions hâtives, mais aussi faculté de changer d'avis à la lumière de nouvelles informations.

Capacité naturelle :	1	2	3	4	5	6	7	8	9	10
Besoin/envie :	1	2	3	4	5	6	7	8	9	10

La créativité : intelligence pratique qui permet de trouver des manières originales et productives de faire les choses, une forme d'ingéniosité.

Capacité naturelle :	1	2	3	4	5	6	7	8	9	10
Besoin/envie :	1	2	3	4	5	6	7	8	9	10

La sagesse : vision du monde porteuse de sens, tant pour soi que pour les autres, clairvoyance, recul et mise en perspective.

Capacité naturelle : 1 2 3 4 5 6 7 8 9 10

Besoin/envie : 1 2 3 4 5 6 7 8 9 10

DEUXIÈME VERTU : LE COURAGE

Cette force plus émotionnelle que cognitive permet d'atteindre des objectifs malgré les éventuelles contraintes et obstacles internes et externes.

La valeur et la bravoure : faculté à surmonter physiquement et mentalement les difficultés ou la douleur, à ne pas reculer devant la menace, mais aussi volonté de défendre ce qui est juste envers et contre tous, en agissant uniquement selon ses convictions.

Capacité naturelle : 1 2 3 4 5 6 7 8 9 10

Besoin/envie : 1 2 3 4 5 6 7 8 9 10

La persévérance, l'assiduité et la diligence : forme de perfectionnisme qui incite à toujours finir ce que nous avons commencé, à persister malgré les difficultés, mais aussi tout simplement le plaisir de mener à bien une tâche ou une mission.

Capacité naturelle : 1 2 3 4 5 6 7 8 9 10

Besoin/envie : 1 2 3 4 5 6 7 8 9 10

L'authenticité, l'intégrité et la sincérité : capacité à nous montrer tel que nous sommes, à dire ce que nous pensons et ce que nous ressentons, à agir de façon authentique, sans prétention et en assumant ses sentiments et ses actes.

Capacité naturelle : 1 2 3 4 5 6 7 8 9 10

Besoin/envie : 1 2 3 4 5 6 7 8 9 10

L'enthousiasme et la vitalité : énergie qui permet d'aborder la vie avec enthousiasme, ne faisant pas les choses à moitié, amenant à vivre la vie comme une aventure et surtout à se sentir bien vivant.

Capacité naturelle : 1 2 3 4 5 6 7 8 9 10

Besoin/envie : 1 2 3 4 5 6 7 8 9 10

TROISIÈME VERTU : L'HUMANITÉ ET L'AMOUR

Ces vertus permettent de développer nos relations interpersonnelles, nous incitant à nous ouvrir aux autres et à leur venir en aide si nécessaire.

L'amour et l'attachement : sentiment qui permet de se sentir proche des autres, mais aussi de valoriser les relations étroites avec eux, particulièrement lorsque les sentiments (partage, affection) sont réciproques.

Capacité naturelle : 1 2 3 4 5 6 7 8 9 10

Besoin/envie : 1 2 3 4 5 6 7 8 9 10

La gentillesse et la générosité : volonté permanente de rendre service à autrui, de faire de bonnes actions, d'aider les autres et de prendre soin d'eux.

Capacité naturelle : 1 2 3 4 5 6 7 8 9 10

Besoin/envie : 1 2 3 4 5 6 7 8 9 10

L'intelligence sociale : conscience de ses propres motivations et émotions, mais aussi de celles des autres et capacité d'adaptation aux différentes situations en tenant compte de ces différents éléments motivationnels et émotionnels.

Capacité naturelle : 1 2 3 4 5 6 7 8 9 10

Besoin/envie : 1 2 3 4 5 6 7 8 9 10

Quatrième vertu : la justice

Cette force reconnue de façon universelle comme d'utilité publique fonde la base d'une vie sociale harmonieuse.

L'esprit d'équipe, la loyauté et le sens du devoir : force qui permet de s'adapter à un groupe, de travailler au sein d'un groupe ou d'une équipe, d'avoir l'esprit d'équipe et d'accomplir au mieux sa part dans cette dynamique de groupe.

Capacité naturelle : 1 2 3 4 5 6 7 8 9 10

Besoin/envie : 1 2 3 4 5 6 7 8 9 10

Le sens de l'équité et l'impartialité : facilité à traiter toute personne de façon équitable, sans se laisser influencer par ses sentiments personnels dans les décisions concernant autrui et permettant ainsi de donner à chacun sa chance.

Capacité naturelle : 1 2 3 4 5 6 7 8 9 10

Besoin/envie : 1 2 3 4 5 6 7 8 9 10

Le sens du commandement ou le leadership : capacité à organiser des activités collectives et à encourager le groupe, tout en s'efforçant d'y maintenir de bonnes relations.

Capacité naturelle : 1 2 3 4 5 6 7 8 9 10

Besoin/envie : 1 2 3 4 5 6 7 8 9 10

CINQUIÈME VERTU : LA TEMPÉRANCE ET LA MODÉRATION

Ces vertus internes nous permettent de garder le contrôle de nous-mêmes et ainsi de nous protéger contre les excès.

Le pardon : force qui permet de pardonner à ceux qui ont mal agi, de leur donner une seconde chance sans être animé par la vengeance, mais aussi acceptation des défauts des autres.

Capacité naturelle :	1	2	3	4	5	6	7	8	9	10
Besoin/envie :	1	2	3	4	5	6	7	8	9	10

L'humilité et la modestie : forme de lâcher-prise qui permet de laisser des réalisations parler d'elles-mêmes, sans se mettre en avant, sans se prendre pour plus que ce que nous sommes.

Capacité naturelle :	1	2	3	4	5	6	7	8	9	10
Besoin/envie :	1	2	3	4	5	6	7	8	9	10

La prudence et la discrétion : précaution qui amène à être prudent dans ses choix, à ne pas prendre de risques inutiles ou à ne pas dire ou faire des choses que nous pourrions regretter ensuite.

Capacité naturelle :	1	2	3	4	5	6	7	8	9	10
Besoin/envie :	1	2	3	4	5	6	7	8	9	10

La maîtrise de soi et l'autorégulation : maîtrise de ses sentiments et de ses actes qui favorise la discipline et la maîtrise de ses appétits et de ses émotions.

Capacité naturelle :	1	2	3	4	5	6	7	8	9	10
Besoin/envie :	1	2	3	4	5	6	7	8	9	10

SIXIÈME VERTU : LA TRANSCENDANCE

Cette dernière vertu plus spirituelle favorise l'ouverture à une dimension universelle et permet de donner un sens à la vie, à la foi ou à toute forme de religion.

L'appréciation de la beauté et de l'excellence : faculté à remarquer et apprécier la beauté, l'excellence et/ou la maîtrise technique dans les domaines les plus divers.

Capacité naturelle :	1	2	3	4	5	6	7	8	9	10
Besoin/envie :	1	2	3	4	5	6	7	8	9	10

La gratitude : sentiment qui permet d'être conscient et reconnaissant des bonnes choses que la vie présente sur notre chemin, facilité et plaisir à exprimer réellement des remerciements.

Capacité naturelle :	1	2	3	4	5	6	7	8	9	10
Besoin/envie :	1	2	3	4	5	6	7	8	9	10

L'optimisme et l'espérance : croyance interne que le meilleur reste à venir et qu'il ne tient qu'à nous d'œuvrer à la réalisation de ce bel avenir.

Capacité naturelle :	1	2	3	4	5	6	7	8	9	10
Besoin/envie :	1	2	3	4	5	6	7	8	9	10

La joie et l'humour : sentiment de plaisir qui nous amène à aimer, sourire et rire, voir le côté amusant des choses, taquiner et faire des plaisanteries.

Capacité naturelle :	1	2	3	4	5	6	7	8	9	10
Besoin/envie :	1	2	3	4	5	6	7	8	9	10

La spiritualité ou la recherche du sens : intérêt profond nous amenant à réfléchir et à trouver sa place au sein de l'Univers, mais aussi croyance en un sens particulier de la vie, la foi ou la religiosité et en tirer un réconfort et une ligne de conduite.

Capacité naturelle : 1 2 3 4 5 6 (7) 8 9 10

Besoin/envie : 1 2 3 4 5 6 7 8 9 (10)

COMMENT CALCULER VOS RÉSULTATS :

Prenez maintenant votre carnet positif ou bien ouvrez un nouvel article sur votre blog et notez-y vos résultats comme ci-dessous :

VOTRE PROFIL DES VERTUS DU BONHEUR

Calculez tout d'abord le total de notes de capacités naturelles pour chacune des vertus.

La sagesse et le savoir : ..35..

Le courage : ..26..

L'humanité et l'amour : ..26..

La justice : ..19..

La tempérance ou modération : ..25..

La transcendance : ..37..

VOTRE PROFIL DE FORCES DE CARACTÈRE

Notez ici les 6 forces de caractères ayant obtenu les plus hautes notes en termes de capacité naturelle.

1. L'amour et l'attachement (2) -> 9] Hum. et Amour
2. La joie et l'humour (1) -> 10] Transcend.
3. L'humilité et la modestie (4) -> 8 -> Temper. et mod.
4. La gentillesse et la générosité (3) -> 9] H et Amour
5. L'intelligence sociale -> 8 -> H et A
6. Curiosité (8)
7. Amour et apprentiss. (8)] Sagesse
8. ouverture esprit (8)

Votre profil de vertus du bonheur à renforcer

Calculez le total de notes de votre besoin ou votre envie de renforcer vos forces de caractère pour chacune des vertus.

La sagesse et le savoir : ....
Le courage : ....
L'humanité et l'amour : ....
La justice : ....
La tempérance ou modération : ....
La transcendance : ....

Votre profil de forces de caractère à renforcer

Notez ici les 6 forces de caractères ayant obtenu les plus hautes notes en termes de besoin ou d'envie.

1. ....
2. ....
3. ....
4. ....
5. ....
6. ....

Et si vous voulez aller plus loin vous pouvez réaliser gratuitement le test complet des forces de caractère en ligne sur le site viame.org. Vous pourrez y sélectionner la langue française.

ET SI VOUS AUGMENTIEZ VOTRE QUOTIENT PLAISIR ?

EXERCICE POSITIF :

RESSENTIR LE PLAISIR DE L'INSTANT

Repensez maintenant à l'un des plus beaux moments de votre vie. Peut-être pensez-vous à votre premier baiser, à la naissance de votre enfant, au jour de votre mariage ou même à ce moment de gloire lors d'un événement sportif ? Ressentez en vous le plaisir de ce moment, chaque petit plaisir associé à ces successions d'instants savoureux. Et soyez à l'écoute de ce que vous ressentez à cet instant précis, ici et maintenant. Ne ressentez-vous pas à nouveau une forme de plaisir ?

Peut-être pensez-vous, comme la plupart des gens, que le plaisir est une sensation agréable qui n'existe qu'au moment présent. Pouvez-vous imaginer que les plaisirs passés ou à venir sont tout aussi appréciables ? Testez-vous pour vérifier ! Je suis sûre que vous pouvez savourer des moments du passé rien qu'en vous les remémorant. De la même façon, je vous garantis qu'il vous sera toujours très agréable d'anticiper un plaisir à venir.

Un psychologue positif, Alex Lindley, s'est particulièrement intéressé aux facteurs favorisant le plaisir. Il a ainsi pu développer une échelle de « Quotient Plaisir », permettant d'évaluer la place, le niveau et la fréquence du plaisir dans votre vie, ainsi que de prendre conscience des situations qui vous permettent de ressentir les plus grands plaisirs. Le Quotient Plaisir vous permet finalement de déterminer vos propres aptitudes individuelles au plaisir.

À partir de cette échelle de Quotient Plaisir d'Alex Lindley, la marque des glaces Magnum a réalisé en avril 2009 la plus grande enquête mondiale sur le plaisir sur plus de 111 000 personnes à travers le monde, ayant eu la bonne idée de développer le questionnaire sous un format numérique très ludique accessible de n'importe quel accès à Internet.

Des résultats de cette enquête, il ressort que les hommes et les retraités sont en tête sur l'échelle des aptitudes individuelles au plaisir. Les hommes obtiennent effectivement un Quotient Plaisir légèrement plus élevé que celui des femmes (120 pour les hommes contre 116 pour les femmes) et le Quotient Plaisir des retraités est bien plus élevé que celui des étudiants (118 contre 104). Maintenant, si vous êtes une jeune femme, il ne tient qu'à vous d'augmenter vos opportunités à ressentir du plaisir pour venir faire basculer la balance de ces données statistiques !

Lorsque vous pensez au plaisir, quels sont les mots qui vous viennent spontanément à l'esprit ? C'est un élément qui a aussi été évalué dans le cadre de cette enquête. Contrairement aux idées reçues, à l'échelle mondiale, la sexualité n'est pas le premier des mots clés associés au plaisir. La France, la Grande-Bretagne et l'Italie sont les seuls pays à avoir rattaché le sexe à la notion de plaisir.

Vous pouvez donc constater par ces résultats que la notion de plaisir est totalement subjective. Vos aptitudes individuelles au plaisir sont influencées par vos aptitudes sociales, liées à votre sexe, votre âge et votre culture. Maintenant que vous savez que vous avez la capacité d'augmenter votre aptitude individuelle au plaisir, il ne tient là encore qu'à vous de vous entraîner jour après jour en commençant par vous demander ce qui vous fait réellement plaisir dans la vie. Multipliez ensuite les occasions de vous faire plaisir et donc d'être plus heureux.

EXERCICE POSITIF :

CE QUE J'AIME DANS LA VIE, C'EST...

« Ce que j'aime dans la vie c'est… » Écrivez ce début de phrase dans votre carnet positif et complétez-le par autant de fins de phrases que vous le pouvez et ce en considérant tous les niveaux de perception de votre vie : des petits plaisirs simples de la vie aux grands orgasmes, des plus petites satisfactions aux plus grandes joies.

Ce que j'aime dans la vie, c'est…

– ....

– ....

– ....

LES CLÉS DE LA CONFIANCE EN SOI

DE QUOI ÊTES-VOUS CAPABLE ?

Anelor, jeune femme d'une trentaine d'années, mariée et mère de deux jeunes garçons, profite de son congé maternité pour perdre le poids accumulé durant les dernières années. Elle décide alors de chercher du soutien, des conseils et de la motivation pour mincir. Le résultat attendu d'Anelor dans sa démarche est de mincir, mais lors de nos échanges elle découvre la psychologie positive et commence à appliquer dans sa vie de tous les jours les exercices positifs que je peux lui proposer. Très rapidement, elle découvre que son réel objectif dans sa démarche minceur, est avant tout de gagner en confiance en elle. Elle réalise que par manque de confiance, elle n'a, entre autres, jamais osé être à l'écoute de ses envies, de ses besoins et de ses capacités, en particulier du point de vue de sa carrière professionnelle. Venue chercher de l'aide pour mincir, Anelor a finalement trouvé par-dessus tout un « déclic », l'amenant à remettre totalement en question sa vie professionnelle. Au milieu de ses flots de pensées, Anelor se sentait perdue : « Par où commencer ? Que faire ? Vais-je être capable de faire ceci ? Ne devrais-je pas me contenter de cela, c'est moins risqué ? »

Ma première réaction est de l'inviter à faire un bilan de compétences, pour mettre un peu d'ordre dans ses idées. En effet, passer à l'action évite tout d'abord de se noyer dans des flots de pensées négatives. Mais le choix du bilan de compétences n'est pas innocent non plus : un bilan de compétences permet d'avoir une analyse approfondie de ses compétences et de ses capacités. Or, selon moi, les capacités tiennent un rôle essentiel dans la véritable problématique de fond d'Anelor, comme de la plupart des personnes qui font appel à moi : la confiance en soi.

Avoir confiance en soi, c'est avant tout se dire que nous sommes « capables de ». Du point de vue professionnel, on dira de vous que vous avez confiance en vous si vous êtes capable d'obtenir un poste qui vous correspond, d'être à la hauteur de ce poste, de parler publiquement, de bien vous entendre avec vos collègues et de bien gérer vos relations avec la hiérarchie. Du point de vue personnel, il s'agit, par exemple, d'être capable de vous regarder dans un miroir en vous souriant, capable d'aller à la piscine en maillot de bain en oubliant ce que les autres pensent de vos éventuelles petites rondeurs ou vergetures, capable de proposer des idées ou des opinions en présence de plusieurs de vos amis ou de toute votre famille réunie au grand complet, ou encore capable de prendre des décisions sans craindre un échec irréversible.

Avoir confiance en soi, c'est donc se sentir capable. Nous parlons alors de capacités dans leur sens le plus large, capacités mentales, capacités physiques, capacités intellectuelles, capacités sociales, capacités humaines, capacités amoureuses, capacités émotionnelles. Développer sa confiance en soi est donc un atout à tous les niveaux de notre vie ! Mais est-ce vraiment possible d'avoir de telles capacités dans tous les domaines de notre vie, d'avoir une telle confiance en soi ? Et comment pouvez-vous y parvenir ?

Pour conclure tout de même sur la démarche d'Anelor, après avoir passé quelques tests de capacités et de motivation et voyant déjà les effets positifs de la psychologie positive appliquée sur elle, Anelor a continué sa démarche de développement personnel et en l'espace de quelques mois, elle a perdu 25 kg et a démissionné d'un poste d'assistante commerciale au sein d'un magasin de motos pour finalement se former et se mettre à son compte en tant que conseillère en image. Aujourd'hui, nous sommes devenues de véritables amies, Anelor et sa famille ont déménagé dans le Sud pour que l'on puisse s'associer et ouvrir la Maison du Bien-être à Montpellier et nous partageons notre passion commune pour le développement personnel et la psychologie positive en animant ensemble des journées positives à Montpellier et dans toute la France. Aujourd'hui, Anelor est particulièrement fière d'avoir été « capable » de perdre ces 25 kg, mais surtout fière d'être « capable » de parler devant un public ! Depuis ce fameux jour où elle a eu ce déclic, elle aime à dire qu'elle est tombée amoureuse d'elle-même !

EXERCICE POSITIF :
JE SUIS CAPABLE DE...

« Je suis capable de... » Écrivez ce début de phrase dans votre carnet positif et complétez-le par autant de fins de phrases que vous le pouvez, et ce en considérant tous les niveaux de capacités : mentales, physiques, intellectuelles, sociales, humaines, amoureuses, émotionnelles, etc.

Je suis capable de...

– ....

– ....

– ....

EST-IL POSSIBLE D'AVOIR CONFIANCE EN SOI ?

OUI ! L'expérience des autres peut parfois être très stimulante, mais il est possible aussi que vous ayez la sensation que les belles choses n'arrivent qu'aux autres. Peut-être avez-vous un doute sur votre capacité ou tout simplement sur la possibilité que vous puissiez vous-même parvenir à ressentir ce déclic positif et à tomber un jour amoureux de vous-même.

Si nous revenons sur Anelor, elle avoue régulièrement qu'elle ne se serait jamais crue capable, avant ce déclic, de pouvoir faire ce qu'elle arrive à faire aujourd'hui. Tout lui semble plus simple, elle ose enfin dire et faire ce qu'elle pense, professionnellement, mais aussi avec son mari, ses parents ou avec toutes les autres personnes de son entourage. Elle ose enfin, selon elle, écouter ses pensées positives et être ce qu'elle est réellement au fond d'elle.

Pour moi, c'est un bel exemple qui montre que même les personnes ne se pensant pas capables d'avoir un jour confiance en elles peuvent avoir le déclic positif.

Quant à vous, croyez-vous possible qu'un jour vous puissiez penser comme Anelor ? Pensez-vous que vous pourrez un jour, vous aussi, avoir vraiment confiance en vous à tout point de vue ? Car en effet, l'expérience d'Anelor permet aussi d'illustrer le fait que le développement de la confiance en soi à un niveau de votre vie se répand très facilement, même sans faire d'efforts particuliers dans ce sens, sur toute votre vie. Travailler la confiance en soi sur un aspect de votre vie suffit à la généraliser sur l'ensemble de votre vie. Cela vous rappelle sans doute ce que nous avons abordé précédemment avec la généralisation du positif en tant que facteur de l'optimisme. Plus vous serez optimiste, plus votre confiance en vous au niveau professionnel vous permettra d'avoir tout autant confiance en vous dans votre vie personnelle, par exemple.

Cet exemple montre enfin qu'Anelor a pris conscience que l'essentiel de son travail de développement personnel a consisté à redonner à ses pensées positives la place qui leur est due. Apprendre à se faire confiance, c'est effectivement apprendre à écouter sa petite voix intérieure, mais pas n'importe laquelle : la petite voix intérieure positive !

Tout le monde a une petite voix intérieure. Vous savez, cette petite voix qui vous parle dans votre tête un peu trop souvent pour mettre des freins ou des limites. Il s'agit en fait de l'expression de votre cerveau sous forme de pensées et de ressentis. À l'extrême, une personne peut tomber dans la schizophrénie en dédoublant sa personnalité par plusieurs voix intérieures très distinctes. À une autre extrême, la petite voix intérieure des dépressifs a perdu toute valeur positive et se contente d'enfermer la personne dans ce que nous appelons une rumination négative sans fin et stérile. Cette rumination de pensées négatives n'apporte rien à la personne, uniquement de la souffrance.

Mais heureusement, tout un chacun a la possibilité et la capacité de redonner à sa petite voix intérieure le chemin du positif. Vous pouvez apprendre à rendre positive votre petite voix intérieure, cela revient en fait à entraîner cette petite voix à suivre les critères de l'optimisme en termes de capacités : « Je serai toujours capable de… » (Permanence du positif), « Si je suis capable de parler en public au travail, je peux parler en public devant mes proches » (Généralisation du positif) et « Je suis fier d'être capable de… » (Intériorisation du positif).

Dans un deuxième temps, il va s'agir pour vous d'accueillir avec bienveillance et de lâcher prise, en contrepartie, sur la petite voix intérieure négative, en l'entraînant à suivre ces autres critères de l'optimisme que nous avons évoqués préalablement toujours en termes de capacités : « Ce jour-là, je n'ai pas été capable de…, mais demain j'y arriverai » (Non-permanence du négatif), « Je n'ai pas été capable de parler devant mes amis, mais cela ne m'empêchera pas de bien m'exprimer devant mes collègues » (Non-généralisation du négatif) et « Je n'ai pas atteint mon objectif, mais cela ne signifie pas que je suis incapable de le faire, les circonstances n'étaient pas favorables » (Non-intériorisation du négatif).

Le développement de l'optimisme et de la confiance en soi sont donc étroitement liés ! Et vous êtes tout à fait capable, par un entraînement mental régulier, d'augmenter le niveau de votre optimisme et donc de votre confiance en vous.

CONFIANCE EN SOI ET ESTIME DE SOI

Claire a 54 ans, elle a tout pour être heureuse : mariée, trois enfants, une situation financière plus que raisonnable, un métier qui lui plaît dans une administration, des amies, des activités pour elle, un corps de rêve et même du temps à combler tant elle organise bien ses journées. Pourtant, elle se sent mal dans sa peau, elle ne se sent jamais à la hauteur, elle a un besoin démesuré d'être reconnue par autrui et développe par ailleurs de nombreuses allergies.

C'est l'occasion pour moi d'aborder un nouveau point avec vous : l'estime de soi. Notons ici au passage un petit détail bien loin d'être anodin.

Claire est mal dans sa peau et elle développe des allergies. Dans un cas comme celui-là, il n'est pas utile pour moi de chercher plus loin du côté de l'allergie, préférant me concentrer sur l'aspect psychologique de la situation. Je reviendrai sur l'allergie d'ici peu.

Donc Claire est mal dans sa peau et elle ne se sent jamais à la hauteur. Nous commençons à travailler ensemble pour développer sa confiance en elle et développer son estime de soi. Vous noterez que je ne cherche pas particulièrement la raison ou l'origine de ses symptômes. L'une des particularités de la psychologie positive est de se concentrer sur le ressenti, le symptôme présent et la recherche de solutions concrètes et applicables dès l'instant présent ou orientées vers l'avenir. En thérapie, nous parlons de thérapies brèves ou de thérapies orientées solution. L'essentiel est donc de constater et d'agir avec des solutions adaptées et efficaces.

Quelques séances de travail sur la confiance en soi (donc le développement de l'optimisme) lui permettent déjà de trouver de nouvelles occupations durant ses temps libres plus orientées vers les autres (bénévolat, partage de ses connaissances, générosité, écoute). Ces nouvelles expériences lui donnent accès à un nouveau regard sur elle-même, une nouvelle émotion : une certaine fierté. Elle est « capable » d'aider, de donner, de faire plaisir et de recevoir en retour tellement d'émotions positives, qu'elle a fini par en oublier son sentiment de ne pas être à la hauteur. Après quelques autres séances de travail sur l'équilibre de vie (élargir la confiance en soi sur les différents aspects de sa vie – Généralisation du positif), Claire parvient très vite à se satisfaire de sa vie actuelle, de son corps, de ses conditions de vie et ouvre les yeux sur la chance qu'elle a d'avoir une vie aussi équilibrée et remplie. Et si Claire conclut finalement notre travail en me remerciant de l'avoir aidée à retrouver confiance en elle, elle en profite pour me faire remarquer au passage que ses allergies ont par ailleurs totalement disparu.

L'objet de ce livre n'étant pas l'impact du psychologique sur la santé, je vous laisserai tirer vous-même les conclusions de l'histoire de Claire à ce sujet.

Peut-être vous arrive-t-il parfois de ne pas vous sentir à la hauteur ? D'avoir la sensation de passer inaperçu, d'être transparent ? Il est possible aussi que vous ayez du mal à accepter votre image dans le miroir ou que vous ayez parfois (souvent ?) le sentiment que vos points de vue ne sont jamais pertinents, que vous n'arrivez pas à la cheville des personnes qui vous entourent ? Si c'est le cas, dites-vous bien que, comme pour Claire, en suivant pas à pas les étapes de la méthode de Coaching Positif de vie (décrites en détail dans le troisième chapitre), vous pouvez facilement et rapidement améliorer cette situation et enfin avoir suffisamment confiance en vous pour assumer votre image et votre personnalité, vos idées et vos émotions et même avec une grande fierté.

EXERCICE POSITIF :
DÉVELOPPER SA CONFIANCE EN SOI

Pensez à trois personnes qui ont selon vous particulièrement confiance en elles. Quels conseils ces personnes vous donneraient-elles pour augmenter votre confiance en vous ?

Visualisez-les une par une vous donnant trois conseils dans ce sens et notez dans votre carnet positif les neuf idées qui en ressortent.

1re personne

– ....
– ....
– ....

2e personne

– ....
– ....
– ....

3e personne

– ....
– ....
– ....

LA CONFIANCE EN SOI : UN ATOUT DANS NOTRE SOCIÉTÉ

Vous avez sans doute bien conscience qu'avoir confiance en soi est un véritable atout dans notre société actuelle pour faire face aux épreuves et aux défis qui se présentent à nous chaque jour, et privilégie dans de nombreux aspects les battants et les gagnants. Il est donc indispensable d'avoir confiance en vos capacités pour vous réaliser et vous épanouir. Un sentiment intérieur de sécurité est indispensable à votre réussite professionnelle, sociale, amoureuse et familiale.

Une question n'est certes pas encore résolue : certains insistent sur le caractère inné de la confiance en soi et l'assimilent à un trait de personnalité, d'autres insistent sur son caractère acquis en tant que bonne réponse apprise à l'occasion d'expériences abouties et d'autres encore en font une des conséquences de la force du moi. Finalement, à vous de trouver votre propre réponse et quels que soient votre sentiment ou votre opinion à ce sujet, la suite du travail de développement personnel que je vous propose dans ce livre n'en sera pas amoindri. Il s'agit juste d'être clair avec vous-même.

Quoi qu'il en soit, pour mieux communiquer avec les autres dans notre société actuelle, il est nécessaire d'apprendre à accueillir avec bienveillance le regard des autres, à cesser de craindre leur jugement et à se libérer de notre dépendance à leur regard. La confiance en soi génère la confiance dans les autres et la confiance des autres envers soi. En lâchant prise sur le regard des autres, vous pourrez alors plus facilement vous tourner vers eux et vers le monde, et le monde vous offrira alors presque « magiquement », de plus en plus d'opportunités de bonheur.

EXERCICE POSITIF :
CONFIANCE EN SOI INNÉE OU ACQUISE ?

Selon vous, la confiance en soi est-elle innée ou acquise ? À partir de votre propre expérience, estimez-vous que votre confiance, ou votre manque de confiance, est du(e) à votre caractère inné ou à votre expérience ? Ouvrez la discussion à ce sujet avec vos proches.

LA CONFIANCE EN SOI PASSE PAR DES OBJECTIFS DE VIE

La plupart du temps, les personnes qui n'ont pas confiance en elles ont des objectifs incertains, voire aucun objectif. Pourtant, l'une des meilleures voies vers la confiance en soi consiste à agir pour que les choses se produisent avec succès. L'efficacité et la réussite sont de bons moteurs qui peuvent vous encourager à continuer, à trouver un sens à votre vie et à vous lever le matin.

Le meilleur moyen de vous motiver pour l'action et le succès passe par la conscience d'un objectif. Sans but dans la vie, vous ressemblez à un bateau sans capitaine et sans destination. Vous risquez vraiment d'échouer sur une île déserte.

Vous fixer des buts vous donne une raison d'être, vous fournit une direction, vous permet de vous mobiliser sur un objet précis. Vous pouvez alors choisir ce que vous voulez faire et comment vous allez le faire. De nombreuses études ont montré que des individus ayant un but sont plus heureux et réussissent mieux que ceux qui en sont dépourvus.

Quels que soient votre âge, votre statut social ou votre niveau de vie, un but véritable vous aide à structurer votre vie, votre travail, tout en étant un gage de réussite et de confiance.

Que vous apportera votre confiance en vous ?

Avant toute chose, que ce soit pour développer sa confiance en soi ou pour tout développement personnel, il est nécessaire d'avoir une réelle envie d'évoluer de façon positive. Le développement personnel passe avant tout par la motivation. Il est donc indispensable avant d'envisager de développer votre confiance en vous, d'évaluer ce que vous voulez exactement changer ou non chez vous, et à quel point vous voulez changer. Petite anecdote pour vous aider à saisir le sens de ce premier objectif.

Un individu interrogeait un moine bouddhiste sur la façon d'atteindre la sagesse. Le moine l'emmène auprès d'une mare et lui met la tête sous l'eau. Il maintient la tête de l'individu sous l'eau jusqu'à la limite de l'étouffement. Puis, il relâche prise et demande à l'individu ce qu'il désirait le plus réellement quand il avait la tête sous l'eau ? L'homme répondit « Respirer ». Le moine lui dit alors « Eh bien, quand tu désireras la sagesse avec autant de force que tu désirais respirer, tu l'atteindras ! ».

Voici la première question que vous pouvez vous poser : que voulez-vous vraiment changer chez vous quand vous parlez de développer votre confiance en vous ? Nous allons voir petit à petit comment trouver des réponses précises à cette question.

EXERCICE POSITIF :
SI J'AVAIS PLUS CONFIANCE EN MOI

« Si j'avais plus confiance en moi… » Écrivez ce début de phrase dans votre carnet positif et complétez-le par autant de fins de phrases que vous le pouvez, et ce en considérant tous les aspects de votre vie : le travail, la famille, le couple, les enfants, les amis, les loisirs, les projets, les missions, les activités…

Si j'avais plus confiance en moi…

– ………………………………………………………………
– ………………………………………………………………
– ………………………………………………………………

L'objectif caché de votre démarche

Dans les techniques et les méthodologies de projet, vous savez sans doute que l'identification d'un objectif général (un but) et de ses objectifs opérationnels (actions à mettre en place pour atteindre ce but) est une étape essentielle. Nous savons toujours plus ou moins ce que nous souhaitons obtenir comme résultat. Mais le résultat attendu n'est pas toujours le véritable objectif.

Prenons un exemple : toutes les personnes citées ci-après souhaitent obtenir un diplôme. L'obtention du diplôme est leur résultat attendu, mais l'objectif est bien différent selon les individus et leur contexte.

- ***L'objectif d'Alain,*** un jeune homme amoureux qui vient d'être diplômé, est avant tout de prouver, par ce diplôme, à la jeune fille qu'il aime, qu'il est capable de l'accompagner tout au long de sa vie, qu'il ne la décevra pas.
- ***L'objectif de Christine,*** une femme reprenant ses études après vingt ans de carrière, est de se prouver

à elle-même et à ses proches qu'elle est capable de réussir une chose qu'elle entreprend toute seule.

- ***Lionel,*** un homme d'une trentaine d'années, handicapé physique, passant un examen d'informatique, a *pour objectif* de se prouver qu'il a des capacités qui peuvent encore lui permettre d'évoluer professionnellement malgré son handicap.

Une fois que vous aurez identifié votre objectif, associé au résultat pour lequel vous avez déployé jusqu'ici toute votre énergie, vous pourrez alors vous préoccuper essentiellement de cet objectif et le résultat ne sera plus qu'un moyen de l'atteindre. Si le résultat n'aboutit pas à celui que vous espériez, tout ne sera alors pas perdu, puisqu'il vous suffira de trouver un autre moyen d'atteindre votre objectif. Vous pourrez d'ailleurs même vous sentir plus fort, car vous aurez acquis une expérience supplémentaire dans votre démarche vers l'objectif ultime. Vous pourrez donc en tirer des leçons et des forces pour affronter tête haute les prochains moyens que vous déciderez de mettre en œuvre dans la réalisation de votre objectif.

Quel est l'objectif de votre démarche de développement personnel ?

La question essentielle est donc de vous demander dans toute démarche que vous entreprenez dans l'attente d'un résultat particulier, quel est l'objectif général recherché ? Aujourd'hui, qu'attendez-vous réellement de la lecture de ce livre ? Ce livre est un moyen qui vous permet d'avancer vers votre objectif. Quel est votre objectif ? Si vous ne parvenez pas encore à l'identifier, ne vous inquiétez pas cela viendra. Encore une fois, il est inutile de vouloir aller trop vite. Chacun a son rythme de course, son rythme de respiration, son rythme cardiaque, son rythme de sommeil, son rythme de lecture et son rythme de réflexion personnelle. Prenez le temps qu'il vous faudra et appréciez particulièrement le moment où vous ressentirez ce que j'appelle le déclic positif.

LE PREMIER PAS VERS LE DÉCLIC POSITIF

Avoir le déclic positif, c'est démarrer une nouvelle vie. D'un coup, vous allez ouvrir les yeux sur une nouvelle façon de voir la vie, une nouvelle façon de vivre votre vie. Il ne s'agit pas de changer de vie, mais bien de changer votre façon de la considérer, votre façon de la ressentir.

Vos pensées influencent vos émotions, qui elles-mêmes influencent vos pensées. Vos émotions influencent aussi votre humeur et donc votre état d'esprit. Votre état d'esprit influence votre comportement. Votre comportement influence celui des autres, qui lui-même en retour va influencer vos émotions. La boucle est bouclée. Je parle ici du cycle de la pensée positive.

Et si la quête du bonheur passait par une nouvelle façon de penser et de ressentir ?

Si vous êtes à la recherche d'un mieux-être permanent, vous pouvez donc travailler en premier lieu sur vos pensées et sur vos émotions. La façon de considérer votre vie dépend de ces pensées et de ces émotions.

Tout commence par le sentiment de gratitude

Vous l'aurez bien compris, si le bonheur est à la portée de tous, vous n'êtes pas tous à la recherche du même bonheur. Le bonheur a des sens différents selon les individus, les religions, les dictionnaires ou les idéologies. Mais, une fois que vous avez pris conscience de votre objectif de bonheur, vous pouvez, quoi qu'il arrive, monter sur la première marche vous donnant accès à ce bonheur que vous vous représentez et qui évoluera au fur et à mesure que vous monterez ces marches.

La première marche ne serait-elle pas tout simplement la gratitude ? Soyez reconnaissant de tout ce que vous possédez déjà. Prenez conscience de toutes les belles choses, de toutes les chances que d'autres pourraient vous envier. Vous avez sans doute un toit, des vêtements, de quoi boire et manger à votre faim, des personnes qui vous aiment et des personnes que vous aimez, la majorité d'entre vous a le plaisir de voir, d'entendre, de sentir, d'avoir deux mains, deux jambes, etc.

Commencez tout d'abord par être reconnaissant envers la vie, pour tout ce qu'elle vous a apporté de bon jusqu'ici, soyez aussi reconnaissant envers les autres, ceux qui, chacun à leur façon, vous ont apporté quelque chose, ne serait-ce que l'opportunité d'un sourire. Et évidemment soyez reconnaissant envers vous-même ! Car vous êtes la seule personne responsable de vos actions (intériorisation du positif), de vos pensées, de vos décisions, et si vous lisez ce livre aujourd'hui, si vous décidez ici et maintenant de prendre votre vie en main, c'est grâce à vous-même et à vous seul !

EXERCICE POSITIF :
JE SUIS RECONNAISSANT(E) À LA VIE, CAR...

« Je suis reconnaissant(e) à la vie car... » Écrivez ce début de phrase dans votre carnet positif et complétez-le par autant de fins de phrases que vous le pouvez, et ce en considérant tous les aspects de votre vie : vos conditions de vie, vos réussites dans la vie, les personnes qui vous entourent, la chance, les opportunités, etc.

Je suis reconnaissant(e) à la vie car…

- ………………………………………………………
- ………………………………………………………
- ………………………………………………………

MERCI… Faites résonner ce mot en vous. Laissez-vous envahir par ce sentiment de reconnaissance. Tout simplement.

C'est alors que vous serez prêt pour développer votre confiance en vous-même, une confiance qui vous aidera à relever la tête, à vous déployer, à ouvrir votre esprit vers un nouvel avenir plein de richesse et d'émotions, plein de passion et de petits plaisirs et à avoir enfin ce fameux déclic positif.

PARTIE II

LE DÉCLIC POSITIF COMME ÉLÉMENT DÉCLENCHEUR DU BONHEUR

LES 9 ÉTAPES FACILITANT L'ACCÈS AU DÉCLIC POSITIF

De nombreuses personnes, à une période de leur vie, décident que le moment du changement est arrivé. Il est temps de changer. Changer de carrière, changer de compagne, changer de ville, changer de coupe de cheveux, changer de façon de vivre, changer son regard sur soi, changer son regard sur la vie. À la base de tout changement, se trouve toujours une forme de déclic émotionnel. Si vous-même avez connu un tel moment, c'est que vous avez eu un sentiment de « ras-le-bol », la fameuse goutte d'eau qui a fait déborder le vase et qui vous a provoqué ce déclic nécessaire pour « oser » agir. Si ce n'est pas le cas, peut-être avez-vous encore un sentiment que quelque chose doit changer dans votre vie, quelque chose doit changer en vous ? Vous méritez une vie encore plus belle, vous méritez encore plus de bonheur. Il y a un moment où c'est le moment. Vous le ressentirez, peut-être même le ressentez-vous, là, maintenant. À cet instant précis, dans votre corps, dans votre cœur et dans votre esprit, toutes vos cellules s'accordent ensemble et vous savez que vous vivez ce que j'appelle « le déclic positif ».

Le déclic positif est le déclic qui va vous faire entrer dans un cycle de pensée positive. Ce déclic peut se déclencher à tout âge et chez tout le monde, quel que soit votre passé, quel que soit votre contexte de vie actuel et quel que soit le moment.

Que vous ayez déjà ressenti un tel déclic ou non, dans ce chapitre, vous allez découvrir la méthode qui va vous permettre de vivre à nouveau et à volonté de nouveaux déclics positifs dans votre vie.

Ce fut le cas d'Émilie. Suite à une Journée Positive que nous avons animée à Nantes avec Anelor, nous avons reçu un premier message de gratitude d'Émilie. Elle nous remerciait de l'avoir aidée à prendre conscience des belles choses de sa vie et à lâcher prise sur les moins belles. Elle avait alors ressenti un premier déclic positif après avoir découvert la psychologie positive et testé quelques techniques que nous proposons dans le cadre de ces journées. Un an après, Émilie nous a fait le plaisir de venir participer à une nouvelle Journée Positive, suite à laquelle elle nous a alors envoyé non plus un simple message, mais carrément une photo d'elle. Arrivée chez elle, elle s'est regardée dans le miroir, a pris son rouge à lèvres et a écrit sur son miroir. Elle a ensuite pris une photo de son reflet et nous l'a envoyée. Voici le message que nous avons eu le bonheur de lire sur ce miroir : « Je m'aime et je m'assume. Je suis jolie. Merci Anelor et Cécile. »

Émilie venait de vivre un véritable « déclic positif » dans son regard sur elle-même. Comme Anelor qui était tombée amoureuse d'elle-même ! Pour moi aussi, un petit moment comme celui-là est encore une occasion de vivre un déclic positif. À ce moment-là, j'ai « ressenti », que, plus que jamais, j'exerçais vraiment le métier qui me correspondait et que propager le déclic positif était une réelle ambition pour moi, un réel accomplissement tant personnel que professionnel, et aussi un réel bonheur.

Et si le déclic positif pouvait aussi se transmettre par l'intermédiaire d'un livre ? Et si ce livre, ou bien même un simple passage de ce livre pouvait provoquer chez vous un déclic positif ? Plusieurs même, qui sait ? C'est dans cette dynamique que j'ai envie maintenant de vous présenter les différentes étapes qui peuvent vous aider à ressentir ce déclic, à le maintenir et à l'enrichir.

9 ÉTAPES POUR FACILITER L'ACCÈS AU DÉCLIC POSITIF

1. *La connaissance :* découvrir le cycle de la pensée positive.
2. *La motivation :* vouloir accéder à ce déclic.
3. La croyance : croire en sa capacité à avoir ce déclic.
4. *L'objectif :* se fixer des objectifs personnels.
5. *L'engagement :* s'engager à les atteindre.
6. *L'action :* agir dans le sens du déclic.
7. *Le contact avec soi-même :* prendre conscience de son évolution positive.
8. *Le déclic à la portée de tous :* réaliser que nous avons eu le déclic positif.
9. *Le contact avec l'autre :* partager ce déclic pour le provoquer chez d'autres personnes.

ÉTAPE 1 :
DÉCOUVREZ LE CYCLE DE LA PENSÉE POSITIVE

« La connaissance : le cycle de la pensée positive.
Apprenez comme si vous ne saviez rien
et alliez tout découvrir. »

Notre société actuelle nous berce depuis notre plus tendre enfance dans un cycle de pensée négative, comme nous le montre le schéma ci-dessous.

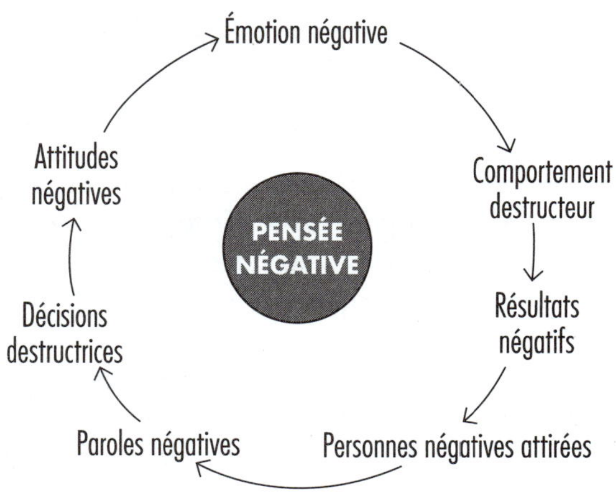

Cycle de la pensée négative

Vous avez en effet souvent entendu dire des phrases toutes simples mais quotidiennes comme celles-ci :

- « Attention, ne joue pas avec ça, tu vas te faire mal ! »
- « Oh non, tu es encore arrivé en retard ? »
- « Tu veux finir comme moi ? À faire un métier que tu n'aimes pas ? Alors travaille ! »
- « Arrête de manger comme ça, tu vas finir énorme comme une baleine ! »

Toutes ces remarques cachent une bonne intention, mais elles sont construites suivant une vision négative de la vie. Réfléchissons à une façon de faire passer le même message mais avec une vision positive ?

– « Joue avec ce jouet, tu vas bien t'amuser ! »
– « La prochaine fois, je suis sûre que tu arriveras à l'heure. »
– « Si tu travailles vraiment, tu finiras par réaliser tes rêves et faire un métier que tu aimeras. »
– « Tu veux une pomme ? Tu seras très belle si tu manges des pommes tous les jours au goûter ! »

Vous avez toujours la possibilité de formuler vos phrases, mais aussi vos pensées de façon positive. Il existe des règles de formulation de paroles positives et donc de pensées positives pour vous guider vers des attitudes positives et des résultats positifs comme décrits dans le cycle de la pensée positive. (Voir schéma ci-dessous.)

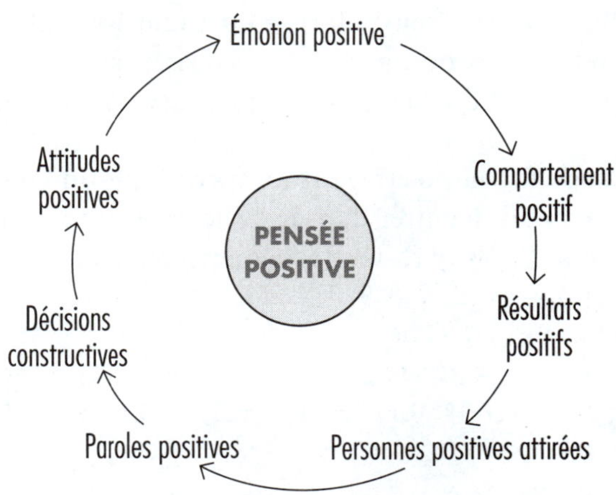

Cycle de la pensée positive

Comment formuler des pensées positives ?

✓ **Elles doivent se concentrer sur le présent ou l'avenir :** utilisation du temps présent et futur.
Préférez « Je suis contente d'être là » à « J'avais peur de ne pas pouvoir être là ».
✓ **Elles doivent orienter vers un résultat positif :** évoquer le résultat positif attendu.
Préférez « Je vais y arriver ! » à « Je sens que je ne vais jamais y arriver ».
✓ **Ne pas utiliser de négation !**
Préférez « Tu seras à l'heure » à « Tu ne seras pas en retard ».
✓ **Utiliser des mots positifs :** bien, beau, bon, etc.
Préférez « Il fait meilleur à l'intérieur » à « Il fait plus froid dehors ».
✓ **N'hésitez pas à associer des émotions positives dans vos phrases.**
Préférez « Je suis fière d'avoir réussi mon examen » à « Mon nom est sur la liste des admis ».
✓ **N'hésitez pas à vous valoriser ou à valoriser autrui :**
Préférez « Tu es courageuse, tu vas résister à la tentation ! » à « Fais attention de ne pas craquer face à la tentation ! ».

Penser de façon positive est un travail quotidien sur soi pour parvenir à entrer dans le cycle de pensée positive et tout autant pour y rester de façon permanente.

EXERCICE POSITIF :
REFORMULATION DE PENSÉES POSITIVES

Souvenez-vous d'au moins cinq phrases que vous avez entendues des dizaines de fois dans votre vie, des phrases qui ont bercé votre enfance, votre adolescence, votre couple ou votre activité professionnelle peut-être. Notez ces cinq phrases dans votre carnet positif et réinventez-les sous forme positive en fonction des critères de la pensée positive.

PHRASE QUE J'AI SOUVENT ENTENDUE	PHRASE PLUS POSITIVE QUE J'AURAIS PU ENTENDRE

ÉTAPE 2 : VOTRE VOLONTÉ PEUT TOUT CHANGER

« La motivation : la clé de la réussite.
Désirez comme si vos désirs déterminaient votre avenir. »

Vous connaissez tous le fameux dicton « Quand on veut, on peut » ? Eh bien, il résume beaucoup de choses dans cette approche. Pour parvenir à ses fins, il faut le vouloir sincèrement. Agir en fonction du désir des autres est très généreux, mais cela ne suffit pas. Il faut avant tout agir pour soi. Il est essentiel de mettre l'intention d'évoluer pour y parvenir.

Hier, une personne m'a encore dit : « Je sais ce qu'il faut faire pour m'en sortir… tout le monde me le répète sans cesse ! Mais je n'y arrive pas et je crois que je n'y arriverai jamais. Je n'ai plus d'espoir et je n'ai même plus envie de faire d'efforts. »

Ce témoignage est très intéressant. Cette personne exprime bien qu'elle sait comment elle pourrait s'en sortir, mais qu'elle a perdu l'envie, la motivation, l'espoir. Réfléchissons deux minutes à cela.

Qui mieux qu'une personne qui veut maigrir connaît les recettes diététiques, sait ce qui est plus ou moins calorique, a conscience qu'elle devrait faire du sport et en particulier des sports d'endurance ? Qui mieux qu'une personne à la recherche d'un emploi sait qu'elle doit envoyer des candidatures spontanées, répondre à des offres, se préparer à des entretiens d'embauche, etc. ?

Qui mieux qu'une personne célibataire sait qu'il faut se faire belle pour séduire, qu'il faut sortir et aller vers les autres pour améliorer ses chances de rencontrer l'âme sœur ?

Vous pouvez lire tous les livres, écouter tous les conseils, aller voir tous les spécialistes que vous voulez, l'essentiel est avant tout de trouver la vraie motivation pour atteindre vos objectifs. Avec la motivation, vous trouvez alors la force de faire ce que vous savez qu'il faut faire et tout devient plus simple.

Avoir le déclic consiste donc en grande partie à trouver en soi la motivation d'atteindre ses objectifs. Et si la vraie motivation de tout le monde, au fond de soi, était la recherche du bien-être, la recherche du bonheur ? Quel est votre but dans la vie si ce n'est de vivre en vous sentant bien ? Cela explique d'ailleurs les nombreuses réponses de personnes dépressives ou suicidaires lorsque nous leur demandons pourquoi elles ont du mal à se lever le matin ou pourquoi elles aimeraient mettre fin à leurs jours : pourquoi continuer à vivre si ce n'est que pour souffrir ?

Le but de chacun n'est pas de vivre pour vivre, mais de vivre pour aimer vivre ! Et aimer vivre, c'est tout simplement se sentir bien. Profiter du fameux instant présent. Finalement, tout le monde a pour but de se sentir bien, d'être heureux, d'être content, donc ne serait-ce pas là la vraie motivation de chacun pour vouloir accéder à ce déclic positif ?

EXERCICE POSITIF :
JE SUIS CONTENT(E), CAR…

« Je suis content(e), car… » Écrivez ce début de phrase dans votre carnet positif et complétez-le par autant de fins de phrases que vous le pouvez, et ce en considérant tous les aspects de votre vie actuelle : vos petites satisfactions personnelles ou avec d'autres personnes, les petites choses dont vous êtes fier(e) dernièrement, les évolutions dans votre vie en ce moment, etc.

ÉTAPE 3 :
CROYEZ AU DÉCLIC POSITIF

« La croyance : mythe, légende ou élément moteur ?
Croyez en la réussite comme si vous alliez
toujours atteindre vos objectifs. »

Vous pouvez penser de façon positive dans un contexte favorable, vous pouvez vouloir sincèrement que cette situation reste aussi agréable le plus longtemps possible, mais si vous ne croyez pas que le déclic positif suffit en lui-même, vous retomberez facilement dans une vision négative.

Françoise m'a demandé dernièrement de l'aide, car elle avait une belle vie et savait l'apprécier jusqu'ici, mais son médecin venait de lui annoncer qu'elle avait un cancer du côlon et elle avait perdu toute sa joie de vivre. Un événement peut venir perturber tout un équilibre dans une vie, et ce, à tout âge et sans prévenir.

Vous devez toujours continuer à croire au déclic positif et acquérir le réflexe de vous recentrer dessus, surtout dans les moments qui vous déstabilisent. Comme le disait Gérard Jugnot dans l'excellent film *Oui, mais*... nous sommes tous amenés à rencontrer des difficultés dans la vie, mais ces difficultés ne deviennent des problèmes qui si nous ne parvenons pas à les gérer émotionnellement.

Qu'avons-nous donc entrepris avec Françoise ? Je lui ai proposé de se renseigner sur les expériences de personnes qui ont fait face à cette maladie et qui ont repris le cours normal de leur vie ensuite. Elle craignait particulièrement la réaction de ses proches vis-à-vis d'elle et culpabilisait de ne pas être assez forte. Je l'ai donc invitée à exprimer ce qu'elle ressentait, tout d'abord par écrit pour elle-même, puis à partager ces émotions avec ses proches. Par ailleurs, je l'ai encouragée à surtout accepter l'aide de ses proches sous quelque forme que ce soit.

Comment vous sentez-vous face à une personne en détresse ? En général, vous ressentez l'envie de l'aider, parfois une forme d'impuissance et parfois même encore une certaine culpabilité. Alors, si vous laissez vos proches vous aider dans vos moments de difficultés, ils se sentiront eux-mêmes moins coupables et seront plus forts pour vous soutenir. Par ailleurs, le fait d'affronter ensemble cette épreuve peut renforcer les liens avec vos proches. Vous allez me dire : mais c'est égoïste de partager sa souffrance ? Et je vous répondrai : non, c'est généreux. Les personnes se sentiront valorisées en voyant que vous leur faites confiance et elles se sentiront utiles. Ces sentiments de reconnaissance et d'accomplissement surpasseront largement celui de la souffrance que vous aurez l'impression de leur imposer. Et la gratitude que vous ressentirez à leur égard vous aidera d'autant plus à surmonter votre difficulté.

Pour en revenir à Françoise, l'essentiel pour que ce processus fonctionne était qu'elle sache elle-même aussi bien donner que recevoir. Donner de l'attention, donner du temps, de la force et recevoir les mêmes choses. Apprendre à recevoir l'attention des autres et à les en remercier. Recevoir leur temps, ce temps qu'ils lui accordent généreusement, et les en remercier. Recevoir leur force, l'accueillir, s'en servir et évidemment les en remercier.

Quand vous croyez que le déclic positif peut vous aider, vous parvenez à surmonter toute épreuve et à en ressortir toujours plus fort. Le déclic rend la vie enrichissante, quelles que soient ses épreuves.

EXERCICE POSITIF :
UNE EXPÉRIENCE ENRICHISSANTE

Repensez à une difficulté à laquelle vous avez dû faire face dans votre vie. Avec le recul, que vous a apporté cette expérience ? En quoi en êtes-vous ressorti(e) plus fort(e) ? Quelles leçons en avez-vous tiré ? Et votre vie actuelle aurait-elle été aussi enrichissante sans ces forces acquises et ces leçons apprises ? Notez vos réponses dans votre carnet positif afin de pouvoir y revenir plus tard.

ÉTAPE 4 :
FIXEZ-VOUS DES OBJECTIFS PERSONNELS POSITIFS

« L'objectif : identifiez vos objectifs positifs de développement personnel. Orientez vos actions comme si votre bonheur en dépendait. »

Supposons maintenant que vous connaissez le cycle de la pensée positive, que vous souhaitez sincèrement avoir ce déclic positif auquel vous croyez réellement. Encore faut-il savoir quels sont vos objectifs pour les atteindre. Tous les objectifs ne sont pas mesurables ni réalistes et ils dépendent parfois beaucoup d'autrui. Pour avoir le déclic positif, il est essentiel de pouvoir mesurer votre évolution, donc d'évaluer si vous avez atteint vos objectifs. Il est tout aussi essentiel de ne dépendre de personne d'autre que de vous-même et de prendre en compte les limites du possible en fonction du contexte. Enfin, il est primordial de vous fixer des buts qui vous fassent plaisir et qui vous fassent avancer dans la vie.

Pour avoir le déclic positif, il est donc important de se fixer des « objectifs personnels positifs » !

Qu'est-ce qu'un objectif personnel positif ?

Un objectif est un but que vous vous fixez. Lorsque je parle d'objectifs positifs, j'ajoute une valeur à cet objectif. Vous fixer un objectif positif revient à vous donner un but qui vous fera plaisir. Les deux bases essentielles d'un objectif positif sont :

- l'aspect positif du résultat obtenu une fois l'objectif atteint – autrement dit, cet objectif doit vous permettre de faire un petit pas constructif dans votre vie, dans votre équilibre de vie ;
- l'aspect positif de l'émotion attachée au moyen d'atteindre cet objectif ; il s'agit donc de ne vous fixer que des objectifs que vous prendrez plaisir à atteindre, il ne faut surtout pas vous fixer des objectifs contraignants.

Pour qu'un objectif positif soit pertinent et efficace dans l'amélioration de votre équilibre de vie, dans le retour de votre confiance en vous, globalement dans votre épanouissement personnel, il doit respecter quelques critères essentiels.

- ***L'objectif doit être limité dans le temps :*** il est essentiel d'avoir une date butoir, un délai ou un rythme pour atteindre votre objectif. Il peut s'agir de vous tenir à boire un verre d'eau par jour (fréquence) pendant une semaine (durée) ou jusqu'à la fin de la semaine (date butoir). Quoi qu'il arrive vous devez avoir une date à laquelle vous pourrez vérifier si l'objectif a été atteint.
- ***L'objectif doit être concret et vérifiable :*** en une seule question, vous devez pouvoir vérifier si vous avez

atteint votre objectif – Ai-je atteint mon objectif ? Et seules deux réponses doivent être possibles : oui ou non. D'où l'intérêt de bien formuler votre objectif. Par exemple, il est impossible de répondre à cette question sur un objectif tel que : « Cette semaine je vais rendre heureux une personne par jour. » Évaluer notre contribution au bonheur des autres n'est pas vérifiable objectivement.

- ***L'objectif doit être réaliste :*** il est inutile de vous fixer des objectifs de l'ordre de l'impossible comme perdre 50 kg en une semaine. Restez réaliste pour avancer doucement mais sûrement.
- ***L'objectif doit être réalisable :*** vous pouvez être réaliste et pourtant vous lancer un objectif irréalisable. Si nous restons dans l'exemple de la minceur, il est réaliste de pouvoir perdre 500 g par semaine, mais si vous savez que durant une semaine vous allez enchaîner des repas de fête, que vous n'aurez pas le temps de faire de sport et que vous n'avez pas envie non plus de vous priver totalement pour profiter de ces moments, l'objectif de cette semaine précise sera irréalisable.
- ***L'objectif doit être personnel :*** par personnel, j'entends qu'il ne doit dépendre de personne d'autre que de vous-même. Il n'est pas question par exemple de viser à faire perdre 1 kg en une semaine à votre partenaire. Éventuellement, cela peut s'orienter vers les autres, mais d'un point de vue de votre propre action sur l'autre ou avec l'autre. Vous pouvez vous fixer de « proposer » chaque jour pendant une semaine à votre partenaire de se peser et de noter son poids chaque matin. Votre objectif à vous est la proposition quotidienne, donc, même si finalement votre partenaire ne se pèse pas, tant que vous lui

avez proposé chaque jour, vous aurez bien atteint votre objectif à vous.

- ***L'objectif doit évidemment être positif :*** il faut respecter les règles de la formulation de la pensée positive évoquées précédemment Centré sur le présent ou l'avenir, orienté vers un résultat positif, n'utilisant aucune négation, ne déployant que des mots positifs, n'évoquant que des émotions positives et favorisant la valorisation de soi ou d'autrui.

Une vie parfaitement équilibrée consisterait à atteindre régulièrement des objectifs personnels pour chacun des aspects de votre vie, dans chacun de vos « piliers de vie » et ce tout au long de votre vie. Au départ, il est nécessaire de faire un réel travail sur soi pour identifier vos objectifs, puis pour les atteindre et en apprécier les bénéfices. Mais, petit à petit, ces objectifs n'ont même plus à être formulés, ils deviennent automatiques. J'ai en tête l'exemple d'une personne qui se répétait sans cesse qu'elle n'avait pas confiance en elle. Elle a eu ce déclic positif et aujourd'hui elle me dit régulièrement qu'elle est heureuse de parvenir naturellement à équilibrer ses piliers de vie et qu'elle se sent plus forte et surtout plus heureuse. Elle ne parle plus de son manque de confiance en elle, parce que le déclic lui a redonné confiance en elle sans même qu'elle s'en aperçoive.

EXERCICE POSITIF :

VOTRE PREMIER OBJECTIF PERSONNEL POSITIF

Pensez à un objectif que vous aimeriez atteindre et écrivez-le dans votre carnet positif ou sur votre blog. Puis posez-vous les questions suivantes une par une, en veillant à adapter votre objectif de façon à ce qu'il tienne compte de chacun de ces critères :

- Votre objectif est-il constructif, vous fera-t-il avancer ou aller mieux ?
- Votre objectif est-il agréable, prendrez-vous du plaisir à l'atteindre ?
- Votre objectif est-il limité dans le temps ?
- Votre objectif est-il concret et vérifiable ?
- Votre objectif est-il réaliste ?
- Votre objectif est-il réalisable dans les conditions actuelles ?
- Votre objectif est-il personnel ? Ne dépend-il que de vous ?
- Votre objectif est-il centré sur le présent ou l'avenir ?
- Votre objectif est-il rédigé avec des formulations positives, sans négation ni mots négatifs ?

ÉTAPE 5 : ENGAGEZ-VOUS À ATTEINDRE VOS OBJECTIFS

« L'engagement : la notion d'engagement positif. Engagez-vous comme si tout dépendait de chaque petit engagement. »

Vous êtes donc maintenant bien motivé pour avoir ce déclic positif auquel vous croyez, dans le but d'entrer dans le cycle de la pensée positive que vous avez bien intégré et vous avez également compris qu'il vous est essentiel d'établir une liste d'objectifs personnels positifs. Il est donc temps de s'engager à passer à l'action dans le but d'atteindre ces objectifs.

Qu'est-ce que l'engagement ?

Lorsque vous vous fixez l'objectif d'envoyer au moins vingt candidatures dans le mois pour faciliter vos chances de trouver un emploi, vous vous fixez un objectif personnel positif. Mais sans engagement, rien ne vous garantit que vous allez vous tenir à cet objectif.

Maintenant, si vous vous engagez à rédiger une candidature par jour du lundi au vendredi durant les quatre semaines à venir, à l'inscrire chaque jour sur votre agenda une fois la candidature effectuée et en plus à vous noter à la fin du mois sur cet agenda : « Si j'ai envoyé au moins vingt candidatures, je m'accorde une semaine de repos dans ma recherche d'emploi », alors vous vous engagez vous-même davantage à atteindre cet objectif.

L'un des principes de l'engagement est donc de se donner les moyens de rester motivé avec le temps. Mais cela ne suffit pas toujours pour autant.

Imaginons maintenant, que vous souhaitiez mincir. Vous voulez perdre 1 kg par semaine jusqu'à ce que vous ayez atteint, disons, 60 kg. Vous pouvez alors vous engager en collant un Post-it sur votre frigo qui vous rappelle : « Cette semaine, je perds 1 kg. » Vous pouvez aussi, par exemple, ramasser autant de cailloux que de kilos à perdre. Chaque semaine, lorsque vous avez perdu votre kilo, vous pouvez vous offrir un petit moment rien qu'à vous qui relancera votre motivation en allant au bord d'un lac, de la mer ou d'une rivière pour jeter un de vos cailloux en souriant et en pensant (ou mieux en criant) : « Et un kilo de moins ! Je suis fière de moi ! Et je continue ! » Petit à petit, voyant le nombre de vos cailloux diminuer, vous continuerez à vous accrocher à votre objectif de départ.

Un autre principe est de savoir reconnaître petit à petit votre évolution pour vous engager à continuer. L'évolution est plus importante que l'objectif final en lui-même. N'oubliez pas que le bonheur n'est pas une finalité, c'est un objectif permanent.

EXERCICE POSITIF :

MES ENGAGEMENTS

Prenez votre carnet positif et faites la liste des différents engagements que vous avez pris dans votre vie. Évaluez le niveau de respect de vos engagements jusqu'à présent comme ceci :
« Je n'ai pas du tout respecté mon engagement » (= 1)
« J'ai totalement respecté mon engagement » (= 10)

1	2	3	4	5	6	7	8	9	10

Puis cherchez les points communs entre les différents engagements que vous avez particulièrement bien respectés et les points communs entre les engagements que vous n'êtes pas parvenu à vraiment respecter.
Exemples :
En me mariant je me suis engagé à rester fidèle :

1	2	3	4	5	6	7	8	9	10

En mettant au monde un enfant, je me suis engagé à veiller sur son bonheur toute sa vie :

1	2	3	4	5	6	7	8	9	10

En signant ce CDI, je me suis engagé à respecter les horaires de travail imposés :

1	2	3	4	5	6	7	8	9	10

ÉTAPE 6 :
AGISSEZ DANS LE SENS DU DÉCLIC

« L'action : c'est le moment de passer à l'action !
Agissez comme si vos actions aboutissaient
nécessairement à des réussites. »

Maintenant que vos objectifs personnels sont fixés, c'est le moment d'agir. Eh oui, il ne suffit pas d'y croire pour que tout se déroule comme vous le souhaiteriez. Il existe une différence entre la pensée positive et la pensée magique dont Freud parlait. Croire que ce que vous pensez va se réaliser n'est pas une pensée positive : il s'agit d'une pensée magique. C'est ainsi, par exemple, que lorsqu'un enfant, après avoir été puni par un de ses proches, souhaite un malheur pour ce proche, il culpabilisera lorsqu'un malheur arrive effectivement à ce proche dans les jours suivants. Il a le sentiment que rien ne serait arrivé s'il n'avait pas eu cette mauvaise pensée.

En revanche, penser que vous allez atteindre votre objectif est de l'ordre de la pensée positive. Et si vous ne faites rien pour y parvenir, vous ne vous donnerez pas les moyens de l'atteindre et vous ne l'atteindrez pas tout seul comme par magie. La pensée positive ne suffit donc pas. Le déclic positif implique à la fois cette pensée positive mais aussi l'action positive qui va en découler.

Comment agir en fonction de vos pensées positives ?

Imaginez que vous souhaitez avoir votre permis de conduire (ou de moto, de bateau). Vous vous engagez en vous fixant des objectifs intermédiaires comme économiser telle somme par mois pour réunir le montant nécessaire à l'inscription à l'auto-école. Ensuite, vous vous engagez auprès de l'auto-école à assister à trois cours de préparation au code chaque semaine, puis à trois leçons de conduite une fois que vous obtenez votre code. Vous pouvez aussi vous engager en proposant à vos proches de participer, pour votre prochain anniversaire, à l'achat d'une voiture. Ainsi en impliquant les autres, l'engagement n'en est que plus fort.

Plus qu'un engagement, il vous faut ensuite agir. Vous déplacer à l'auto-école, acheter un livre pour mieux apprendre et comprendre le code, pourquoi ne pas demander de l'aide à un proche dans cet apprentissage ? Il faut vous donner les moyens de parvenir à vos fins.

EXERCICE POSITIF :
PASSER À L'ACTION

Formulez un objectif personnel positif que vous aimeriez atteindre. Que pourriez-vous faire concrètement dans les jours à venir qui vous rapproche de cet objectif ?

ÉTAPE 7 :
PRENEZ CONSCIENCE DE VOTRE ÉVOLUTION POSITIVE

« Le contact avec soi-même :
prendre conscience de son évolution positive.
Prenez conscience de votre évolution
comme si elle était spectaculaire. »

Lorsque vous évoluez, vous ne vous en rendez pas forcément compte. Il est parfois nécessaire de prendre du recul sur votre parcours. Prendre du recul ne signifie pas s'immobiliser. Il s'agit simplement de vous poser un moment, de vous remémorer votre situation et votre état passé, puis de vous rappeler vos objectifs personnels et enfin d'évaluer votre évolution en fonction de votre situation et de votre état actuel. Si vous vous êtes engagé et que vous êtes ensuite passé à l'action, votre situation aura forcément évolué. Et si vous avez bien gardé en vous la force de la pensée positive, vous ne pourrez qu'avoir évolué de façon positive. En réalisant que vous êtes épanoui, vous en serez fier, je vous le garantis ! N'oubliez donc surtout pas, pour éviter de vous décourager face au moindre obstacle, de prendre ce recul pour réaliser qu'un petit obstacle ne signifie pas que tout est terminé. Soyez patient et continuez à y croire et à agir dans ce sens.

EXERCICE POSITIF :
JE SUIS FIER(E) DE MOI, CAR...

« Je suis fier(e) de moi, car... » Écrivez ce début de phrase dans votre carnet positif et complétez-le par autant de fins de phrases que vous le pouvez, et ce en considérant les différents moments de votre vie : de quelles réussites pouvez-vous être fier(e) depuis votre enfance ? Quels progrès avez-vous faits ? De quelles évolutions pouvez-vous être fier(e) dans votre vie ?

ÉTAPE 8 :
RESSENTEZ LE DÉCLIC POSITIF

« Le déclic positif à la portée de tous :
le ressentir, c'est revivre.
Ressentez le déclic en vous comme s'il vous
ouvrait les portes vers une nouvelle vie. »

Lorsque vous réalisez que vous avez évolué positivement, vous commencez alors réellement à comprendre l'enjeu du déclic positif. Et tout devient plus simple. Ensuite tout s'enchaîne dans le bon sens. Vous comprenez de mieux en mieux le cycle de la pensée positive entre vos pensées, vos actions, vos émotions, l'impact sur vos proches, etc. Vous croyez de plus en plus en la force de ce déclic positif et vous commencez à vous fixer naturellement des objectifs personnels de plus en plus précis et de mieux en mieux adaptés à vos piliers de vie. Vous agissez dans le sens de vos objectifs de façon de plus en plus pertinente et constructive et tout se déroule de mieux en mieux dans votre vie.

Ressentir le déclic positif est une grande force pour tout le monde. Et, j'insiste, ce déclic peut survenir pour tous et à tout âge. Suivez ces différentes étapes et, progressivement, vous aussi vous ressentirez ce déclic positif, encore et plus encore.

ÉTAPE 9 :
PARTAGEZ LE DÉCLIC POSITIF

« Le contact avec l'autre : partager
et rayonner ensemble.
Partagez avec autrui comme si le partage
multipliait le bénéfice de votre évolution. »

Un des obstacles les plus probants au maintien du cycle de la pensée positive est la tentation de la pensée négative. Il est tellement simple d'écouter une personne qui se plaint de la difficulté actuelle de trouver du travail, au moment où justement vous cherchez un emploi.

Un conseil : n'écoutez pas tous les discours négatifs. Entourez-vous de personnes positives.

On dit souvent « qui se ressemble s'assemble », mais l'inverse est tout aussi vrai : « Qui s'assemble finit par se ressembler. » Essayez autant que possible de vous entourer de personnes qui vous tirent vers le haut, qui vous encouragent dans vos démarches, qui ne compatissent pas au moindre de vos petits échecs, mais qui, au contraire, vous encouragent à surmonter ces obstacles et à rebondir encore mieux ensuite. À vous de savoir repérer ces personnes et d'entretenir avec elles de bonnes relations.

Un bon moyen de vous entourer de personnes positives est de partager ce que vous savez de ce déclic positif. Partagez votre propre expérience. Partagez votre ressenti, vos émotions positives, partagez vos réussites, votre évolution. Expliquez comment vous êtes parvenu à tout cela. À ce moment-là, vous aurez deux comportements possibles de votre entourage : certaines personnes vous écouteront à peine et chercheront coûte que coûte sans même s'en apercevoir à valoriser les difficultés, les doutes, à minimiser les aspects positifs de votre évolution et souvent sauteront sur la moindre occasion pour vous interrompre et vous exposer leurs propres difficultés. D'autres personnes vous écouteront, poseront des questions, seront curieuses ou surprises certainement, mais elles resteront dans une écoute ou un dialogue constructif. Vous aurez alors le sentiment de leur apporter quelque chose et qu'elles vous apportent autre chose en retour. Ce sont ces personnes-là qu'il faut privilégier. Il n'est pas question pour autant de tirer un trait sur les autres. Mais mettez davantage votre énergie à échanger avec les personnes positives.

Partager le déclic positif permet de le maintenir sur du long terme. Vous sentez que vous entendez à nouveau cette petite voix intérieure qui vous pousse vers le doute, la déception voire l'abandon ? Tournez-vous immédiatement vers ces personnes positives et parlez avec elles du déclic positif. Cela vous donnera le coup de fouet dont vous avez besoin.

EXERCICE POSITIF :
LA LISTE DES PERSONNES POSITIVES DE MA VIE

Prenez votre carnet positif et faites la liste de toutes les personnes que vous connaissez, toutes sans exception, membres de la famille, amis, collègues, connaissances, même des relations uniquement virtuelles ou à distance.

Écrivez le prénom de toutes ces personnes à la suite, sans ordre, ni classement.

Puis vous allez vous poser trois questions une par une :

Question 1 :

Est-ce que je me sens authentique dans ma relation avec cette personne ? Suis-je moi-même ? Il peut m'arriver de me retenir ou au contraire d'en faire des tonnes, de surjouer. Alors suis-je bien authentique avec cette personne en particulier ? Suis-je vrai ?

Attention, vous pouvez être authentique avec une personne en étant très drôle et tout aussi authentique avec une autre personne avec qui vous avez une autre relation plus sérieuse. Si oui, notez un + à côté du prénom.

Question 2 :

Ai-je le sentiment que l'autre personne est authentique dans notre relation ?

Il s'agit bien de votre sentiment, car nous ne saurons jamais ce qu'il en est réellement. Avez-vous la sensation que l'autre personne est vraie avec vous ? Si oui, notez un + à côté du prénom. (Vous aurez alors des prénoms sans rien, d'autres avec un + et d'autres avec deux +.)

Question 3 :

Ai-je la sensation que cette relation me tire vers le haut ?

Il s'agit de vous demander si cette relation vous permet de gagner un bénéfice émotionnel, c'est-à-dire, est-ce que cette relation vous permet de rire ? De parler d'un sujet qui vous passionne ? De vous donner du courage ? De ressentir de l'amour ? De trouver de la motivation pour aller faire du sport ? À partir du moment où le bénéfice émotionnel est supérieur au sacrifice émotionnel, vous pouvez alors considérer que cette relation vous tire vers le haut. Pour le vérifier, vous pouvez vous demander : « Si cette personne n'était plus dans ma vie, ce bénéfice me manquerait-il ? »

Si oui, notez un + à côté du prénom. (Vous aurez alors des prénoms sans rien, d'autres avec un +, deux + ou bien trois +.)

Vous avez maintenant un bel aperçu de votre situation sociale, ce qui vous aidera à mettre dorénavant davantage d'énergie avec les personnes les plus positives de votre vie, c'est-à-dire celles qui ont obtenu le plus de + !

N'hésitez pas à refaire régulièrement cet exercice, car nos relations tout comme nos émotions évoluent beaucoup avec le temps.

LE DÉCLIC POSITIF DANS VOTRE RELATION AVEC VOUS-MÊME

VIVEZ L'INSTANT PRÉSENT POUR VIVRE HEUREUX

Vivez le présent par la prise de contact avec le monde

Peut-être avez-vous déjà entendu parler de l'*awareness* ? « Être *aware* », nous avons tous déjà entendu ces mots de Jean-Claude Van Damme. Mais le mot *awareness*, peu de gens savent de quoi il s'agit.

L'*awereness* est un état de conscience spécifique, orienté vers la connaissance, la reconnaissance et le contact avec l'environnement externe et interne. Il y a une attention, une conscience immédiate du présent, ainsi qu'une concentration physique importante. Cette conscience immédiate du présent dans toutes ses dimensions est définie en gestalt-thérapie par le terme anglais *awareness*, difficilement traduisible. Certains parlent de « contact » et ce terme me convient parfaitement pour vous expliquer comment mieux vivre l'instant présent et ainsi développer une confiance en soi de l'instant. Une des particularités de la gestalt-thérapie est qu'il s'agit d'une méthode thérapeutique originale et efficace visant à retrouver par une connaissance intérieure de soi, « l'art du contact » : il s'agit d'une forme de psychologie positive, basée sur le contact avec soi-même, l'autre et l'environnement, d'autres parleront de la pleine conscience de soi, de l'autre et de l'environnement.

L'ART DU CONTACT/
DE LA PLEINE CONSCIENCE

- *Un contact avec soi-même :* besoins, désirs, craintes, etc.
- *Un contact avec l'autre ou les autres :* sur le plan affectif, relationnel, sexuel, etc.
- *Un contact avec l'environnement en général :* le cadre, le contexte, les perturbations, etc.

Il vous est sans doute déjà arrivé de participer à un événement, une soirée ou même d'aller au travail ou vous coucher avec tellement de pensées dans la tête qu'il vous était impossible de profiter de l'instant présent. Vous n'êtes alors pas attentif, vous ne prenez pas de plaisir et vous avez la sensation d'être présent physiquement, mais ailleurs dans votre tête. Le plus souvent, vous êtes dans le passé, à repenser à une situation qui vous perturbe, ou bien dans le futur, à imaginer le pire pour une situation à venir. Votre émotion du passé ou votre appréhension de l'avenir vous limitent l'accès aux émotions présentes. Vous n'êtes alors pas disponible, pas *aware*.

De nombreuses personnes perdent ainsi ce contact avec elles-mêmes et se coupent de leur vécu immédiat pour privilégier les événements passés ou à venir. L'apprentissage de l'*awareness* est alors une acquisition riche et précieuse, car elle permet de faire face aux situations imprévisibles, de s'y ajuster et d'en mesurer les conséquences. En apprenant à entrer en contact avec vous-même, avec les autres et avec l'environnement, vous serez totalement disponible et donc plus à même de maîtriser vos émotions de l'instant présent et ainsi d'en profiter au mieux. Là encore, tout vient d'un déclic : la prise de conscience de l'intérêt de profiter de l'instant présent pour être plus heureux à chaque instant.

Entrez en contact avec vous-même pour mieux vous épanouir

Bien vous connaître est le fondement de votre épanouissement. Comment trouver du plaisir dans la vie si vous ne connaissez pas vos besoins, vos désirs et vos goûts ? Comment surmonter un blocage physique ou psychologique si vous ne connaissez pas vos craintes, vos angoisses, vos frustrations ?

La première étape consiste donc à entrer en contact avec vous-même, avec vos besoins affectifs, relationnels et émotionnels, mais aussi avec vos désirs conscients, inconscients et fantasmatiques. Cette étape peut vous amener à reparcourir votre vie depuis votre enfance du point de vue de toutes vos expériences de désirs, de plaisirs, de jouissances. Ce travail permet parfois de trouver l'origine d'une frustration, d'un besoin excessif ou d'un blocage particulier. Mais surtout il permet souvent de trouver les pistes, les solutions vers un plaisir personnel ou un désir plus intense.

À quoi bon le goût d'une délicieuse fraise trempée dans du champagne, à quoi bon l'odeur envoûtante d'un parfum sucré, à quoi bon le contact délicat d'un drap en satin si vous ne parvenez pas à ressentir le plaisir de ces petits moments-là avec vous-même ?

Le moment présent et la capacité ou l'art de le vivre sont aussi importants pour le contact que la perception sensorielle. Il est essentiel de savoir apprécier les perceptions sensorielles au-delà de leur simple sensation physique.

Savoir associer une émotion à une sensation est un art ! Le plus important dans l'instant présent est de saisir l'émotion que vous ressentez. Dans un instant de désir, par exemple, vous pouvez certes écouter votre corps, et les signes physiques parlent d'eux-mêmes (le cœur qui s'accélère, les joues qui chauffent, les yeux qui pétillent, et pour les hommes, il est inutile de préciser me semble-t-il...), mais il est aussi important pour vous d'apprendre à saisir l'émotion qui accompagne ces signes.

Vous ressentez une satisfaction de ces phénomènes physiques, mais vous pouvez aussi ressentir une satisfaction encore plus grande d'avoir conscience de les vivre. L'art d'entrer en contact avec soi-même, c'est savoir prendre conscience de ses sensations et de ses émotions simultanément.

Cette nuance n'est pas simple à assimiler, mais une fois que vous prenez conscience de vos sensations et de vos émotions, elles se démultiplient, car quel plus grand bonheur que de réaliser que vous êtes bien ? Eh bien si, il y en a un : celui de réaliser que vous le réalisez. Et ainsi de suite.

Ce contact avec vous-même peut se développer à tous les niveaux de votre vie, et à tout moment de votre vie. Prenez conscience du plaisir que vous avez à boire un cocktail de jus de fruits et il en sera d'autant plus frais et savoureux. Prenez conscience de la satisfaction que vous avez à atteindre vos objectifs et la réussite en sera encore plus douce et agréable. Prenez conscience des bienfaits d'un bon massage ou d'un bon bain chaud et l'instant en sera encore plus appréciable et exceptionnel.

Donc désirez, ressentez le plaisir de votre corps à chaque instant, le plaisir de vos émotions et si, en plus, vous prenez conscience de ce plaisir, cela le multipliera.

EXERCICE POSITIF :

ENTREZ EN CONTACT AVEC VOUS-MÊME

Isolez-vous dans un lieu calme et confortable. Fermez les yeux et concentrez-vous sur vous-même. Oubliez ce qui vous entoure. Que ressentez-vous dans votre corps ?

Faites mentalement le tour de votre corps : vos pieds, vos chevilles, vos mollets, vos genoux, ainsi de suite jusqu'à votre visage, votre bouche, votre nez, vos yeux, votre front et votre chevelure.

À chaque niveau, vous sentez-vous contracté, détendu ? Ressentez-vous le contact avec le sol, la chaise ou le lit ? Prenez conscience de vos différentes sensations (doux, rugueux, froid, chaud...). Ressentez-vous les battements de votre cœur ? Ressentez-vous l'énergie qui circule en vous et que votre corps dégage ?

Que ressentez-vous maintenant dans votre cœur ? Êtes-vous plutôt calme, serein ? Ému, agité ? Quelles émotions ressentez-vous ? De la joie ? De la peine ? De l'impatience ? De la tristesse ? Du plaisir ? De la déception ? De la colère ? Du dégoût ? De la fierté ? Du désir ? Vous sentez-vous en confiance, en sécurité à cet instant présent avec vous-même ?

Et pour finir, que disent vos pensées ? Êtes-vous gêné par des pensées parasites, contradictoires, obsédantes, ou au contraire vos pensées sont-elles claires, vous permettent-elles de bien entrer en contact avec le moment présent ? Écoutez votre dialogue intérieur et vérifiez l'honnêteté de vos pensées ? Êtes-vous sincère avec vous-même ?

Si vous avez alors véritablement réussi à entrer en contact avec votre corps, votre cœur et votre esprit, vous constaterez que chaque niveau est essentiel pour s'épanouir. Et lorsque vous parviendrez à faire travailler en équipe corps, cœur et esprit, vous serez alors dans ce réel contact avec vous-même. Et c'est alors que vous pourrez réellement entrer en contact avec l'autre et avec l'environnement.

LIBÉREZ-VOUS DE CE SENTIMENT DE CULPABILITÉ

Le sentiment de culpabilité

Il vous arrive certainement comme tout le monde de vous sentir coupable. Coupable d'avoir mangé un gâteau ou repris une deuxième assiette alors que vous êtes au régime. Coupable de voir vos enfants, vos proches ou vos amis malheureux et de ne pas réussir à les rendre heureux 24 heures sur 24 tous les jours de l'année. Coupable d'avoir dépensé un peu trop d'argent ce mois-ci alors que les budgets sont serrés. Coupable de faire des heures supplémentaires au boulot ou au contraire de ne pas trouver de temps pour chercher du boulot. Coupable de ne pas réussir à faire parfaitement tout ce que vous entreprenez. Nous trouvons toujours mille raisons qui font émerger en nous ce fameux sentiment de culpabilité.

Conséquences de la culpabilité

« Je me sens coupable, donc je m'en veux, je me dénigre, je suis nul ou bon à rien ! Je comprends pourquoi personne ne m'aime, d'ailleurs, je ne vais pas leur imposer ma présence à cette soirée, je vais encore gâcher l'ambiance. Et puis, si je n'y vais pas, personne ne s'en rendra compte de toute façon. En plus, c'est de ma faute si je ne trouve pas de boulot, pourquoi voudraient-ils me prendre moi plutôt qu'une autre personne qui a plus de diplômes ou qui est plus compétente que moi ? Quant à cette plaquette de chocolat, au point où j'en suis autant que je la finisse ! »

Plus vous laissez de place à ce sentiment de culpabilité, plus vous vous donnez des raisons de vous sentir coupable et plus vous étoffez ce sentiment !

La culpabilité et les autres

Ce sentiment est personnel, souvent les autres ne comprennent pas bien ce que vous ressentez. Soit ils vous plaignent et compatissent, et cela vous conforte dans votre culpabilité (« eh oui, s'ils compatissent c'est que je suis bien coupable »), soit ils ignorent votre réaction, car ils ne comprennent pas et là, vous avez en général l'impression d'être encore plus en dessous de terre, car incompris, ou pire, perçu comme quelqu'un qui se fait une montagne d'un rien. Dans tous les cas, pour vous comme pour tout le monde, il est très difficile d'être compris dans son sentiment de culpabilité.

D'où vient la culpabilité ?

Tout ce qui m'arrive dépend de moi (intériorisation du positif). Il est tout d'abord essentiel d'avoir bien conscience que vous êtes maître de votre vie et surtout de la façon dont vous la vivez émotionnellement.

Maintenant, si vous décidez de voir le verre à moitié vide, vous allez penser que tous les malheurs qui vous arrivent et même ceux des autres vous sont imputables. Vous pouvez parfois même avoir le sentiment d'en être entièrement responsable et l'assumer. De ce point de vue, vous vous dites alors que la vie ne vous sourit pas et que vous n'avez vraiment pas de chance. Quoi que vous fassiez, de toute façon, la chance n'est jamais de votre côté.

Mais tout ce qui vous arrive peut aussi vous arriver simplement parce que vous ne contrôlez pas tout, que la vie est comme ça et que les choses arrivent sans que vous puissiez tout contrôler. Et alors ? Ce n'est pas votre faute pour autant.

Comment éviter ce sentiment de culpabilité ?

Si vous regardiez maintenant le verre à moitié plein ?

Tout ce qui vous arrive dépend de vous, vous pouvez donc trouver des solutions pour éviter de vous mettre dans des situations désagréables et surtout faire en sorte qu'il vous arrive des belles choses si vraiment vous le voulez.

Et si vous ne contrôlez pas tout, vous pouvez tout de même profiter des belles choses qui vous arrivent spontanément et considérer les difficultés qui se présentent à vous comme des obstacles à surmonter qui vous rendront encore plus fort.

Conclusions

La culpabilité est étroitement liée à votre état d'esprit. Beaucoup disent qu'ils ont tout pour être heureux, mais qu'ils ne peuvent s'empêcher de culpabiliser et que cela leur gâche la vie sans réelle raison apparente.

Pour ne plus culpabiliser, il est nécessaire de développer sa confiance en soi, de s'affirmer et d'avoir envie d'évoluer positivement. Il est temps de s'ouvrir au monde avec un nouveau regard : celui de l'optimisme.

En fait, tout est lié et j'y reviendrai souvent mais la confiance en soi est la base de toutes les émotions positives. Alors s'il y a une chose par laquelle commencer dans une démarche de développement personnel, vous l'aurez compris, c'est bien de développer votre confiance en vous et pour cela, libérez-vous de votre culpabilité !

EXERCICE POSITIF :
JE ME PARDONNE À MOI-MÊME...

« Je me pardonne à moi-même... » Écrivez ce début de phrase dans votre carnet positif et complétez-le par autant de fins de phrases que vous le pouvez, et ce en considérant les différents éléments de votre vie qui pourraient vous faire ressentir de la culpabilité.

Je me pardonne à moi-même... (de/d'/pour/...)

– ....
– ....
– ....

LE DROIT À L'IMPERFECTION

« L'erreur est humaine, sinon il n'y aurait pas de gomme au bout des crayons ! »

Pour être heureux, il est essentiel par ailleurs de prendre conscience que personne n'est parfait. Cela peut paraître évident, et pourtant chacun d'entre vous ne peut s'empêcher de culpabiliser sans arrêt de ses erreurs ou imperfections. Tout échec vous renvoie une image inacceptable de vous-même ? Vos échecs vous semblent être le reflet de votre « nullité » ? Rassurez-vous, vous n'êtes pas le seul ! Cela peut changer.

Alors que faire ? Remettez en question votre façon de vous percevoir, en ayant une conception moins rigide de vous et de l'existence. Prenez conscience que même après un échec, vos qualités subsistent quoi qu'il arrive. Prenez conscience que chaque erreur et chaque échec sont constructifs. Tirez une leçon de tous vos échecs, de toutes vos imperfections. Voyez toutes les situations comme des succès possibles et non pas comme de probables échecs.

Même si elle est source de déplaisir, une erreur vous éclaire toujours et vous apprend beaucoup sur vous-même et sur les autres. Au minimum elle met en évidence ce qu'il faut perfectionner en vous et ainsi vous permet de progresser. Tirer des leçons de ses erreurs est profitable à tout point de vue. Vous évoluerez déjà beaucoup quand vous admettrez la possibilité de l'échec. Vous évoluerez quand vous admettrez que personne n'échappe à l'échec et que cela n'empêche pas d'avoir confiance en soi. Et vous évoluerez encore plus lorsque vous prendrez conscience qu'un échec n'est finalement rien de plus qu'une réussite retardée ou à envisager autrement. Toute expérience est enrichissante, pensez-y à chaque instant de votre vie ! Alors ? Admettez-vous que vous êtes comme tout le monde ? Admettez-vous que vous avez le droit à l'imperfection ?

EXERCICE POSITIF :
LE DROIT À L'IMPERFECTION

Prenez un stylo et écrivez en lettres majuscules dans votre carnet positif la phrase suivante :

« J'AI LE DROIT DE NE PAS ÊTRE PARFAIT(E), JE SUIS QUAND MÊME QUELQU'UN DE BIEN. »

LA GESTION DES ÉMOTIONS POUR SE LIBÉRER DU STRESS

Ce qui empêche la plupart des personnes de s'épanouir est souvent le fameux « stress ». Qu'est-ce que le stress ? Le stress correspond aux contraintes et agressions subies dans une situation et qui vous empêche de vivre dans des conditions optimales. Il s'agit d'un problème de gestion des émotions face à une situation. Ce stress peut être directement lié à un contexte, à un individu, à une angoisse personnelle, à un état de fatigue temporaire ou à un événement particulier.

Les enjeux du stress dans la vie quotidienne

Le travail, le couple, la famille ou la santé sont autant de sources de stress pour de nombreuses personnes. Effectivement, certaines de ces situations impliquent de nombreux enjeux qui nous font réagir différemment d'une même situation qui se déroulerait dans un autre contexte : des enjeux identitaires (selon le contexte, nous pouvons exprimer notre personnalité en tant qu'individu en tant époux/épouse, papa/maman, frère/sœur, ami/amie, etc.), des enjeux sociaux, des enjeux financiers, des enjeux personnels ou professionnels.

Nous avons tous des besoins, et si ces besoins ne sont pas comblés, ils peuvent alors générer un manque susceptible de se traduire en stress.

L'origine du stress

Le stress peut donc souvent provenir d'un manque émotionnel lié à l'un ou plusieurs de ces besoins :

- besoin de reconnaissance
- besoin d'accomplissement
- besoin d'identité
- besoin d'autonomie
- besoin d'amour
- besoin de sécurité
- besoin d'utilité
- …

À l'extrême, un besoin non pris en compte peut impliquer des situations d'angoisse voire de dépression :

- je ne sers à rien
- je suis nul(le)
- je suis transparent(e)
- je suis incapable
- personne ne m'aime
- tout le monde me veut du mal
- je suis seul(e)
- …

Aussi, pour s'épanouir, il est essentiel d'être à l'écoute de ses besoins et voici quelques clés pour vous aider à bien prendre en compte chacun d'entre eux.

Comment s'épanouir plus ?

1. Investissez-vous à 100 %

Quand vous faites quelque chose, oubliez le reste, concentrez-vous sur ce qui vous plaît dans ce que vous faites, investissez-vous à 100 %, prenez du plaisir à le faire et ne vous attardez pas sur les petits obstacles. Il y a une solution à tout problème, il y a toujours possibilité de passer outre un obstacle ou de changer de direction.

Vous vous ennuyez : que pourriez-vous faire de constructif pour vous ou pour aider quelqu'un, par plaisir ou pour gagner du temps ?

Vous vous lassez, c'est routinier ? Que pourriez-vous changer dans vos habitudes pour rendre votre quotidien plus attrayant ? Que pourriez-vous apporter de nouveau dans vos habitudes pour améliorer votre vie ou même simplement votre état émotionnel du moment ?

EXERCICE POSITIF :
S'INVESTIR À 100 %

Rappelez-vous la dernière activité que vous avez faite en vous investissant à 100 %, qu'avez-vous ressenti pendant ? Et après ?

2. Gérez votre temps

Quand vous êtes au travail, vous êtes au travail, quand vous n'y êtes plus, concentrez-vous sur votre vie personnelle. Pensez à vous, à votre famille, à vos proches. Pourquoi attendre la retraite pour s'occuper « égoïstement » de soi ? Gardez-vous toujours un temps chaque semaine pour vous et un temps pour vos proches ! C'est essentiel pour garder un équilibre de vie qui vous permet de vous épanouir au travail et en dehors sans vous sentir débordé, épuisé, etc. Pensez à dormir suffisamment. Vous ne pouvez vous épanouir qu'avec une bonne santé et une bonne forme et pour cela le sommeil est primordial.

Vous êtes débordé ? Vous bossez même la nuit ? Arrêtez ! Consacrez-vous à 100 % aux tâches, à des moments prévus à cet effet pour les terminer et interdisez-vous d'empiéter à ce point sur votre vie personnelle, voire même votre hygiène de vie. Et si vous n'avez pas le temps, c'est que vous êtes trop exigeant avec vous-même. Ce que vous allez faire ne peut-il pas attendre une journée de plus ? Est-ce si grave si ce n'est fait que le lendemain ou trois jours après ?

EXERCICE POSITIF :
BIEN GÉRER SON TEMPS

Rappelez-vous la dernière fois que vous avez eu le sentiment de bien organiser votre temps, qu'avez-vous ressenti pendant ? Et après ?

3. Prenez des initiatives

Au travail, vous voyez qu'il manque un service, un outil, un support d'information, etc. Prenez des initiatives ! Proposez des idées à votre patron, à vos collègues, essayez de mettre en place de nouvelles choses ! N'hésitez pas à préparer des fiches de projet, à ouvrir un débat en réunion sur des évolutions ou des améliorations internes à tout niveau ! Et dans votre vie de famille, vous sentez bien qu'il serait temps de prévoir un petit week-end familial au grand air ? Prenez des initiatives ! Proposez des idées à votre famille, à vos enfants, vos parents, vos frères et sœurs, etc. Il n'est jamais trop tard pour innover dans les habitudes familiales. N'hésitez pas à proposer une soirée au restaurant en famille, un dimanche à la mer, même en hiver, deux jours à la ferme aux vacances de printemps. À moins que ce ne soit du côté de vos amis que vous sentiez qu'une petite soirée à thème ferait du bien à tout le monde ! Pourquoi ne pas organiser un pique-nique/pétanque avec toute votre bande d'amis ? Ou bien un petit week-end à la montagne ? À moins qu'une simple soirée tarots ne soit la solution ? Prenez des initiatives, n'attendez pas que les autres les prennent pour vous et pour tout le monde.

EXERCICE POSITIF :
PRENDRE DES INITIATIVES

Rappelez-vous la dernière fois que vous avez pris une initiative, qu'avez-vous ressenti pendant ? Et après ?

4. Formez-vous tout au long de la vie

Pourquoi ne pas entamer une nouvelle formation pour une évolution de vos tâches ou une évolution personnelle ? À tout âge nous pouvons nous former ! À un autre métier, à une spécialisation, à un nouvel outil (informatique par exemple), à une nouvelle méthode ou approche, à une nouvelle langue ou à un instrument de musique, à une technique de communication ou une technique de développement personnel. Maintenant, la formation tout au long de la vie est possible et est même encouragée à tous les niveaux, des aides financières étant de plus en plus possibles pour cela.

Vous êtes salarié en France ? Il y a plusieurs possibilités pour vous former : un plan de formation de votre entreprise – 20 heures par an par salarié –, un congé individuel de formation (CIF), financé par un organisme auquel votre entreprise cotise (un OPCA) et durant lequel vous partez en formation plusieurs semaines, plusieurs mois, tout en continuant à toucher votre salaire de la part de votre entreprise. Vous êtes demandeur d'emploi ? Les pôles emploi peuvent vous proposer des formations prises en charge. Et même si vous êtes à la retraite, vous trouverez encore des formations à des tarifs abordables. Se former, c'est encore et toujours évoluer, alors profitez-en tout au long de votre vie !

EXERCICE POSITIF :
SE FORMER TOUT AU LONG DE LA VIE

Rappelez-vous la dernière fois que vous avez volontairement appris une chose qui vous intéressait, qu'avez-vous ressenti pendant ? Et après ?

5. Faites en sorte de vous sentir utile

Par les initiatives et l'engagement à 100 %, vous pouvez vous rendre utile. Se sentir utile permet de s'épanouir encore plus. Ce n'est pas à vous de trier ce tas de papiers qui s'entassent à l'accueil ? Mais vous n'avez pas grand-chose à faire aujourd'hui. Faites-le ! Vos collègues vous en seront reconnaissants et vous rendront la pareille le jour où vous en aurez besoin. Nous nous sentons utiles quand nous sentons que nous faisons avancer les choses ou que nous aidons les autres. Aidez les autres et ils vous le rendront bien plus encore. Votre partenaire va rentrer tard ce soir et sa corbeille de linge à repasser l'attend ? Prenez l'initiative de faire le repassage, investissez-vous à 100 % et rendez-vous utile en faisant tout le repassage et en le faisant bien. Votre partenaire n'en reviendra pas et vous en sera très reconnaissant, c'est certain.

EXERCICE POSITIF :
SE SENTIR UTILE

Rappelez-vous la dernière fois que vous avez entrepris quelque chose pour laquelle vous vous êtes senti(e) utile, qu'avez-vous ressenti pendant ? Et après ?

6. Soyez reconnaissant et reconnaissez pour être reconnu

Nous avons tous besoin d'être reconnus dans notre travail et par nos proches ! Mais somme-nous nous-mêmes suffisamment reconnaissants de ce que les autres font ? Pensez à remercier ceux qui vous aident au boulot, comme en dehors, ceux qui vous soutiennent, vous guident, vous encouragent. Mais, à vous aussi de valoriser ceux qui s'investissent à 100 %, ceux qui prennent des initiatives. Plus vous valoriserez les autres et vous les encouragerez dans ce sens, plus vous obtiendrez la même chose en retour. Soyez solidaire et gardez l'esprit d'équipe en toutes circonstances.

EXERCICE POSITIF :
EXPRIMER SA RECONNAISSANCE

Rappelez-vous la dernière fois que vous avez exprimé de la reconnaissance envers quelqu'un, qu'avez-vous ressenti pendant ? Et après ?

7. Acceptez les responsabilités, mais pas trop quand même

Avoir des responsabilités permet d'être reconnu, de se sentir utile, donc de s'épanouir. En avoir trop peut frustrer, angoisser, face à la peur de l'erreur ou de l'échec. Ne rien faire du tout à cause de cette peur ou de cette angoisse, c'est comme ne pas s'engager dans une relation de peur de souffrir si elle n'aboutit pas au mariage. Parfois, il faut se lancer, profiter de chaque instant et prendre le risque d'une rupture ou d'un magnifique mariage. Il en va de même au travail, au pire vous échouerez, mais vous pourrez toujours vous relever. Croyez en vous !

Toutefois, soyez raisonnable, il est essentiel de connaître ses limites. Les responsabilités ne doivent pas rimer avec une surcharge de travail ou des tâches qui vous empêcheraient de profiter par ailleurs des plaisirs simples de la vie. À vous de trouver le juste milieu.

EXERCICE POSITIF :
AVOIR DES RESPONSABILITÉS

Rappelez-vous la dernière fois que vous avez assumé des responsabilités à juste mesure, qu'avez-vous ressenti pendant ? Et après ?

8. Exprimez votre personnalité

Dans votre quotidien, il y a toujours un moyen d'exprimer votre personnalité, vos talents ou vos dons. Vous aimez dessiner, créez vous-même des décorations pour votre intérieur ou dessinez des illustrations pour des supports de communication pour votre entreprise. Vous aimez écrire, profitez-en pour envoyer une petite lettre à vos proches ou rédigez des comptes rendus ou un journal interne au sein de votre entreprise. Vous aimez la photo, prenez des photos de vos enfants et faites un album pour chacun, prenez vos amis, réalisez un montage vidéo pour un prochain anniversaire, et même au travail, si vous preniez des photos de vos collègues pour faire un organigramme ? À vous d'être imaginatif, mais tout est possible !

EXERCICE POSITIF :
EXPRIMER SA PERSONNALITÉ

Rappelez-vous la dernière fois que vous avez exprimé votre personnalité de manière efficace, qu'avez-vous ressenti pendant ? Et après ?

9. Faites le point et prenez du recul régulièrement

Il est bon de prendre régulièrement du recul sur votre vie, qu'elle soit professionnelle ou personnelle ! Il existe de nombreuses façons de le faire. La première étant celle des piliers de vie évidemment. Mais vous pouvez expérimenter cet exercice à plusieurs niveaux.

Prenez par exemple une feuille et écrivez ce qui vous plaît en ce moment dans votre emploi actuel, ainsi que tout ce qui pourrait être amélioré. Concentrez-vous d'abord sur ce qui vous plaît et faites en sorte de le développer. Et réfléchissez aux moyens d'améliorer le reste.

EXERCICE POSITIF :
PRENDRE DU RECUL

Rappelez-vous la dernière fois que vous avez fait un point sur vous-même, qu'avez-vous ressenti pendant ? Et après ?

10. Ayez confiance en vous

Vous êtes quelqu'un de bien, vous avez des compétences, vous êtes quelqu'un d'unique et vous valez la peine que l'on s'intéresse à vous et à votre travail ! Si si ! Je vous assure !

EXERCICE POSITIF :
LA CONFIANCE EN SOI

Rappelez-vous la dernière fois que vous avez vraiment ressenti de la confiance en vous, qu'avez-vous ressenti pendant ? Et après ?

LE DÉCLIC POSITIF DANS MA RELATION AVEC LES AUTRES

ENTREZ EN CONTACT AVEC L'AUTRE POUR MIEUX COMMUNIQUER

Une personne qui se connaît parfaitement peut tout de même rencontrer des difficultés à s'épanouir. La base de la réussite et du bonheur est le partage. Comment vos proches pourraient-ils satisfaire vos désirs s'ils ne les connaissent pas ? Le plaisir passant aussi par la satisfaction des désirs de l'autre, comment une personne peut-elle s'épanouir vraiment si elle ne connaît pas les désirs de ses proches ?

Après avoir appris à entrer en contact avec vous-même, apprenez maintenant à entrer en contact avec les autres. Il s'agit d'apprendre à partager vos désirs, vos goûts, vos envies, dans les limites acceptables par chacun et sans empiéter non plus sur la part du jardin secret nécessaire à un épanouissement personnel complet. Il s'agit donc d'apprendre à exprimer et découvrir ensemble l'essentiel des plaisirs et goûts mutuels afin de trouver une parfaite harmonie de communication verbale, gestuelle mais aussi affective.

En règle générale, lorsque vous discutez avec une autre personne, vous parlez d'un fait passé, d'une expérience vécue, d'un projet à venir, d'un espoir ou d'une angoisse liée à l'avenir. Mais il est très rare je suppose que vous vous contentiez d'apprécier le moment présent.

Certains contextes favorisent cette prise de conscience à deux ou à plusieurs du moment présent, comme une séance de massage, durant laquelle deux personnes sont essentiellement concentrées sur l'acte même du massage et les sensations procurées, physiquement, mais très souvent aussi émotionnellement.

Entrer en contact avec l'autre, c'est prendre conscience ensemble de l'instant présent partagé. Tout comme le contact avec soi-même, le contact avec l'autre passe par trois niveaux de conscience : les sensations physiques, les émotions et la pensée. Dans une relation à deux, que ce soit au sein d'un couple, entre deux amies, avec sa mère, son frère ou un collègue, la relation repose sur un équilibre entre ces trois niveaux de relation.

Du point de vue physique, certains aiment se faire la bise ou plutôt se serrer dans les bras, certains aiment s'embrasser, se faire des câlins ou, au contraire, ne parviennent pas à passer le cap du contact physique.

Du point de vue émotionnel, certains partagent de grands moments d'émotions, profitant de la moindre occasion pour frissonner, sourire, rire ou même avoir peur, pleurer ou se libérer de leur stress. Certains vont faire ensemble des activités facilitant l'expression des émotions, comme le théâtre ou des cours de salsa, tandis que d'autres vont aimer partager des moments de grande émotion devant un film au cinéma ou à des mariages. D'autres encore resteront neutres face à l'émotion et auront des difficultés à les exprimer et aussi à les partager.

Enfin ***du point de vue de l'esprit,*** dans le cadre du contact avec l'autre, certains sauront apprécier ensemble la conscience de leur bonheur, de leurs petites joies, de leurs plaisirs communs. D'autres ne partageront que leurs pensées impersonnelles, ou personnelles justement, mais rarement leurs pensées sur l'instant présent, leur appréciation d'un instant, d'une situation, d'un échange, de leurs sensations ou de leurs émotions du moment présent. Ils y gagneraient pourtant en qualité de communication, en qualité de relation et tout simplement en qualité de vie.

Le contact avec l'autre passe donc par le partage de la conscience des sensations et des émotions liées à l'instant présent. Ouvrez votre cœur à vos proches dans l'ici et maintenant, vous en verrez rapidement les effets positifs qui vous permettront d'avancer toujours un peu plus dans votre quête du bonheur permanent.

EXERCICE POSITIF :

ENTREZ EN CONTACT AVEC L'AUTRE

Isolez-vous à deux dans un endroit calme et confortable. Mettez-vous dos à dos et concentrez-vous sur l'instant présent.

Tour à tour vous allez répondre aux questions suivantes :

- Comment je me perçois à l'instant présent : physiquement, émotionnellement et globalement ?
- Comment je te perçois à l'instant présent : physiquement, émotionnellement et globalement ?
- Ce que j'aime le plus chez toi… ?
- Ce que j'aimerais que tu améliores dans ton comportement vis-à-vis de moi… ?
- Ce que je m'engage à améliorer dans mon comportement vis-à-vis de toi… ?

L'exercice est efficace si les personnes laissent le temps à chacun de répondre à chaque question tour à tour, et si celui qui parle ne se sent pas jugé mais juste écouté avec attention et bienveillance.

La personne qui écoute ne doit pas intervenir dans le temps de parole de l'autre. C'est seulement une fois l'exercice terminé que les personnes peuvent reprendre la construction d'une communication habituelle dans l'échange spontané.

Par « physiquement », il ne s'agit pas de décrire l'aspect physique de l'autre, mais bien de parler ce que nous ressentons physiquement, comme sensation physique et ce que nous percevons que l'autre ressent comme sensation physique à l'instant présent.

Suite à un tel exercice bien effectué avec des personnes ayant le même objectif (renforcer des liens et améliorer toujours plus une relation à deux), les personnes sont alors « en contact » et elles peuvent ainsi s'épanouir dans leur relation pour le plus grand plaisir de chacun.

ENTREZ EN CONTACT AVEC L'ENVIRONNEMENT POUR MIEUX VIVRE

Comment pouvez-vous vous investir à 100 % dans une tâche particulière, si le téléphone sonne sans cesse ? Comment savourer un bon petit plat si la température est si fraîche que vous grelottez à chaque instant ? Comment profiter du plaisir de lire un bon livre si vous avez l'estomac qui gargouille et que les voisins écoutent la musique à fond ? Comment pouvez-vous vous concentrer sur votre vie d'homme ou de femme quand d'un côté vous tombez sur les jouets des enfants et de l'autre vous voyez une jolie photo de votre belle-mère accrochée au mur ? Il est plus simple de s'épanouir dans un environnement qui le permet.

Il est donc essentiel aussi de découvrir quel est l'environnement qui vous permet de vous épanouir au mieux selon le contexte. La température, l'ambiance sonore, les couleurs d'une pièce, les odeurs, le confort, l'ordre ou le désordre sont autant de facteurs qui participent à notre niveau de bien-être dans un environnement donné.

Prenons l'exemple d'une soirée intime d'un jeune couple. Aimez-vous l'obscurité, appréciez-vous d'avoir un miroir où vous regarder ? Préférez-vous avoir une ambiance chaleureuse dans les tons rougeâtres ou avez-vous plutôt besoin de vous sentir vivre au milieu de couleurs vives et éclatantes ? Vous glisseriez-vous volontiers dans des draps de soie ou préféreriez-vous vous rouler dans l'herbe ? Préférez-vous vous faire plaisir de bon matin ou plutôt en fin de journée ?

Il s'agit pour vous de prendre déjà conscience de l'environnement le plus favorable et du moment le plus propice à chaque action, en reconsidérant différemment, par exemple dans cette réflexion sur l'environnement idéal d'une relation intime, le lieu où elles se déroulent le plus souvent : la chambre, mais pas seulement.

L'environnement doit donc s'entendre comme le milieu dans lequel vous vous trouvez au moment présent, un milieu localisé, incluant tout ce qui vous entoure sous ses différents aspects : physique, matériel, esthétique, symbolique, etc.

Pouvoir vivre intensément un moment présent, cela nécessite de se sentir bien dans son environnement et donc s'y épanouir réellement nécessite d'en avoir conscience. L'épanouissement passe par la prise de conscience de sa relation avec l'environnement à chaque instant.

Nous savons maintenant qu'il existe trois niveaux de conscience : la sensation, l'émotion et la pensée. Comment pouvez-vous prendre conscience de votre environnement à chacun de ces niveaux ?

Les sensations liées à l'environnement se déclinent par le ressenti physique attaché à chaque sens en particulier : les couleurs et la décoration, le parfum ou les odeurs, le goût plus ou moins sucré, fruité d'un aliment, la texture du fauteuil ou du lit, de vos vêtements et de ceux de l'autre, la musique ou l'ambiance sonore, etc. Chaque détail a son importance !

Il est possible de mettre toutes les conditions favorables à l'épanouissement lors d'un moment particulier. C'est souvent le cas par exemple, lorsque nous préparons une soirée romantique. Mais c'est aussi le cas dans un autre registre pour les préparatifs d'un mariage, d'un baptême, d'un anniversaire, voire d'une réunion de travail, d'un local de vente ou même de la décoration de votre entrée de maison.

Les émotions liées à l'environnement découlent directement des émotions associées à chaque sensation et dépendent particulièrement de la représentation de chaque objet qui vous entoure. Une représentation inclut un sens mais aussi un sentiment, et ce sentiment dépend lui-même de l'histoire que vous avez avec cet objet.

Par exemple, s'installer sur un canapé confortablement ne procurera pas le même plaisir selon si ce canapé a été récupéré de chez vos parents ou si vous l'avez acheté avec la personne que vous aimez lors de moments complices à travers différents dépôts-ventes. Plus simplement, le choix des bijoux portés a son importance dans l'émotion d'un instant de ce point de vue émotionnel. Une alliance, un pendentif en forme de cœur, ces objets ont particulièrement de valeur sentimentale. Il est donc essentiel de se concentrer sur le sens de chaque objet qui vous entoure.

Les pensées enfin, directement liées à l'environnement détermineront le niveau d'attention, de concentration au moment présent. L'exemple le plus parlant est la photo de ses enfants ou de sa mère sur la table de chevet. La sensation physique peut-être agréable si le cadre est beau, que vous trouvez magnifiques vos enfants et que vous êtes dans un moment de câlins avec eux le dimanche matin.

L'émotion liée à la photo peut être agréable si les relations sont parfaites avec votre mère et que l'image évoque en plus un souvenir particulièrement émouvant. Mais la pensée provoquée par cet objet peut être déroutante dans un moment très intime avec la personne que vous aimez. Je vous laisse imaginer la situation de votre homme qui voit la photo de votre mère au moment où le plaisir est à son comble...

Donc « entrer en contact » avec l'environnement c'est avant tout prendre conscience des bonnes sensations, des bonnes émotions et des bonnes pensées les plus en harmonie avec l'instant.

Pour conclure sur l'épanouissement par le contact, chaque détail compte et surtout chaque moment compte. S'épanouir totalement c'est prendre conscience, apprécier et partager au moment présent des sensations et des émotions positives liées à vous-mêmes, à l'autre et à l'environnement qui vous entoure.

EXERCICE POSITIF :
ENTREZ EN CONTACT AVEC L'ENVIRONNEMENT

Isolez-vous dans un endroit calme et confortable. Concentrez-vous sur tout ce qui vous entoure. Concentrez-vous sur chaque sens : ce que vous voyez, ce que vous entendez, sentez, ressentez au toucher ou le goût évoqué par un aliment visible, etc. Concentrez-vous sur les bonnes sensations de cet environnement.

Puis concentrez-vous sur tout ce que vous ressentez face à cet environnement, quelle émotion provoque en vous ce lieu, cet objet, cette couleur ? Imprégnez-vous uniquement des bonnes sensations.

Enfin concentrez-vous sur vos pensées du moment, appréciez simplement la prise de conscience de ces sensations et émotions positives et concentrez-vous uniquement sur ces bonnes pensées.

LA MÉTHODE ZÉRO REPROCHE

Avec le recul, vous êtes généralement capable de constater par vous-même que la plupart de vos difficultés relationnelles sont liées à des difficultés de communication. Combien de disputes ou de conflits débutent suite à un malentendu, un quiproquo ou une mauvaise interprétation. En améliorant vos capacités de communication, vous améliorerez tellement vos relations que votre vie peut en être totalement bouleversée.

Jasmine vit en couple depuis plusieurs années déjà lorsqu'elle vient me consulter sur Montpellier. Lors d'une crise qu'elle considère d'hystérie, Jasmine s'est mise dans un état qu'elle n'avait jamais ressenti, un état d'une violence si extrême qu'elle a alors pris conscience qu'il fallait faire quelque chose, que ce n'était plus possible. Suite à cette dispute avec son conjoint, qui s'est tout de même terminée avec la présence de gendarmes à leur domicile, elle est venue me consulter. Une semaine plus tard, son conjoint lui disait déjà que quelque chose avait changé chez elle. Elle a eu le déclic positif plus rapidement que la majorité des personnes, dès la première séance. Elle a tout simplement pris du recul face à sa situation. Nous avons abordé leur relation avec un regard neutre, extérieur, en prenant conscience des véritables enjeux de leur couple et en resituant l'impact de cette relation à sa juste place au milieu de sa vie.

Après un premier travail d'analyse de la situation et de prise de conscience de ses attentes, elle a alors pris l'engagement de se donner tous les moyens de retrouver un équilibre de vie, et en particulier dans sa vie amoureuse. C'est à ce moment-là qu'elle a découvert la méthode de communication qui lui a permis de faire le plus grand pas dans sa vie de couple, mais aussi dans sa vie sociale en général : « la méthode zéro reproche. »

Le principe de la méthode zéro reproche

En fait, tout est dans le nom de la méthode : le principe est de cesser totalement de faire des reproches, aux autres comme à soi-même !

Il s'agit d'une méthode de communication non violente, de communication bienveillante. Le principe est déjà de remplacer les émotions négatives automatiquement rattachées au reproche par des émotions positives rattachées à la complicité, la reconnaissance et l'expression des attentes.

Comment faire ?

Il s'agit d'une méthode en quatre temps. Au moment où vous auriez habituellement fait un reproche, modifiez votre façon de vous exprimer.

1. Cela m'aurait fait plaisir si… (expression de l'attente)
2. Et en même temps, je comprends que… (reconnaissance de l'autre)
3. La prochaine fois, ce serait bien si nous… (complicité pour trouver une solution)
4. Que préfères-tu… ? (proposition de deux solutions pour laisser la décision finale à l'autre)

Prenons un exemple pour que ce soit plus clair.

- Reproche habituel classique : « Chéri, tu n'as encore pas fait la vaisselle, tu abuses ! »
- Méthode zéro reproche : « Oh chéri, cela m'aurait fait plaisir si tu avais fait la vaisselle. En même temps, je comprends que tu as eu une grosse journée, et je sais que tu n'aimes pas trop ça. La prochaine

fois, ce serait super si nous pouvions nous répartir la tâche, qu'en penses-tu ? Tiens, qu'est-ce que tu préfères, nous pouvons nous répartir la vaisselle un jour sur deux ou bien que je te laisse faire la vaisselle tous les jours et, en contrepartie, moi je m'occupe de tout le ménage le samedi ? »

Le résultat ?

Face à un reproche, le réflexe humain de toute personne est la défense, même si nous savons que nous avons tort. Face à l'expression d'une attente et d'émotions positives et constructives, en étant en plus reconnu par l'autre, nous ne pouvons que nous dire que la prochaine fois nous ferons mieux pour faire plaisir à l'autre. Il ne s'agit plus de gagner ou de perdre, mais bien de faire plaisir à l'autre tout en étant reconnu. Vous proposez deux solutions qui vous permettraient de vous sentir mieux et l'autre de son côté prend la décision finale. Chacun a le sentiment d'être pris en compte et de maîtriser la situation. Cela élimine tout frein au désir de faire plaisir à l'autre.

Zéro reproche pour soi-même !

En appliquant la méthode à vous-même, vous vous déchargez de tous vos sentiments de culpabilité ! Partons à nouveau d'un exemple :

- Reproche habituel : « Je suis nulle, j'ai raté cet examen ! »
- Méthode zéro reproche : « Cela m'aurait fait plaisir de réussir cet examen et, en même temps, je n'étais sûrement pas au meilleur de ma forme et de mes capacités vu le contexte, la prochaine fois je veillerai à mieux me préparer. Je peux soit me prendre une journée de repos la veille pour être en pleine forme

le jour J, soit me prévoir une séance de révision avec une amie la veille au soir pour prendre du plaisir à réviser jusqu'au dernier moment. »

En appliquant cette méthode, vous n'avez rien à perdre et tout à gagner ! Alors pourquoi vous en priver ? Et surtout, rappelez-vous, commencez par exprimer vos émotions à vous-même avant de les exprimer aux autres. « Connais-toi toi-même », disait Socrate, je rajouterai « Connais-toi toi-même, pour que les autres puissent mieux te connaître ». Et je conclurai même ainsi : « Apprends à mieux communiquer avec toi-même pour ensuite mieux communiquer avec les autres. »

EXERCICE POSITIF :

LA MÉTHODE ZÉRO REPROCHE

Quels sont les reproches que vous faites le plus souvent aux personnes que pourtant vous aimez réellement ? Prenez votre carnet positif, faites une liste de reproches récurrents et remplacez chacun de ces reproches par une formulation inspirée de la méthode zéro reproche comme si vous vous adressiez directement à la personne.

1. Cela m'aurait fait plaisir si…
2. Et en même temps, je comprends que…
3. La prochaine fois, ce serait bien si nous…
4. Que préfères-tu… ?

LA COMMUNICATION POSITIVE

Communiquer, ce n'est pas seulement échanger des paroles, tout le monde le sait. Mais si vous veillez parfois à tenir un langage correct ou adapté à votre interlocuteur, prenez-vous le temps et l'énergie pour adapter aussi votre langage non verbal et paraverbal ?

La communication positive repose sur un principe simple qui est celui de mettre toutes les conditions en faveur d'un échange entre différentes personnes qui favorise l'émergence d'émotions les plus positives possibles pour chacune des personnes.

Quelles conditions pouvez-vous améliorer pour favoriser la communication positive ? Tout d'abord, le moment choisi, mais aussi l'environnement propice, votre attitude générale, votre apparence, votre comportement, vos positions, vos gestes, vos expressions du corps et du visage. Le ton de votre voix est aussi essentiel, le débit de parole, le rythme, les intonations, les ponctuations. Votre choix de vocabulaire évidemment a toute son importance. Vous ne vous adresserez pas de la même façon à un enfant ou à un cadre supérieur, à votre boulanger ou à un informaticien. Il est nécessaire de vous adapter dans le choix de vos mots, mais aussi de vos images, de vos exemples, de vos argumentations.

Voici donc quelques règles que vous pouvez suivre, aussi bien avec des enfants, des adolescents, des jeunes, des adultes ou des personnes âgées. Elles vous permettront en premier lieu de limiter les situations de conflit, de les prévenir. Elles vous permettront aussi de les surmonter en limitant autant que possible les émotions négatives de part et d'autre. Elles vous amèneront enfin et surtout à multiplier les échanges constructifs, agréables et riches en émotions positives.

Règle n° 1 : Les yeux dans les yeux

Lorsque vous vous adressez à une personne, placez-vous face à elle, autant que possible à hauteur de son regard.

Règle n° 2 : Les émotions avant tout

Exprimez essentiellement vos émotions : commencez vos phrases par des « je », et non par des « tu » ou « on ». Exprimez l'émotion que vous avez ressentie dans la situation que vous décrivez, exprimez ce que vous ressentez actuellement comme émotion, exprimez enfin quelle émotion vous aimeriez ressentir maintenant et à l'avenir.

Règle n° 3 : L'empathie

Laissez l'autre personne exprimer à son tour ses émotions et, de votre côté, sortez de votre point de vue pour vous mettre autant que possible à sa place. Le fait de comprendre quelles émotions ont pu amener l'autre à faire ou dire telle ou telle chose, vous permet de tout simplement accepter la situation et de pouvoir alors vous libérer de vos émotions négatives, pour vous concentrer uniquement sur les moyens qui vous permettront dorénavant de ressentir des émotions positives, l'un envers l'autre et, mieux encore, ensemble.

Règle n° 4 : La simplicité

Lors d'une conversation, employez le maximum de mots simples, de phrases courtes et limitez-vous à des questions et des réponses utiles et concrètes. Comme avec les enfants, les explications brèves et simples sont toujours les plus efficaces. Il est inutile ensuite de répéter plus de trois fois la même chose, même de façon différente. L'essentiel est de vous concentrer sur la concrétisation d'un résultat positif.

Règle n° 5 : L'immédiateté

Lorsqu'une situation vous provoque des émotions négatives, n'attendez pas avant d'intervenir. Prenez juste le temps de maîtriser vos émotions, de prendre le recul nécessaire à une parfaite maîtrise de vous-même dans la communication et exprimez immédiatement vos émotions, sans pour autant faire de reproche à l'autre.

Règle n° 6 : Le pardon

Une personne peut en blesser une autre sans le vouloir, sans même parfois s'en rendre compte. Il est difficile de découvrir que vous avez blessé une personne proche. Parfois, cela semble plus simple de mettre une carapace pour garder la tête haute et ne pas dévoiler son sentiment de culpabilité et sa faiblesse face à l'autre. Pour éviter ces situations, ne jugez jamais trop vite les faits et gestes d'une personne. Posez-lui des questions pour qu'elle puisse exprimer elle-même ses émotions qui l'ont amenée à cette situation et exprimez-lui votre pardon tout en lui expliquant ce qui aurait pu éviter d'en arriver là, ou mieux en lui suggérant de trouver ensemble comment éviter qu'une telle situation ne se reproduise. Et si vous ressentez de votre côté un sentiment de culpabilité, exprimez-le aussi et demandez le pardon à votre tour. Vous vous sentirez tellement plus léger lorsque vous parviendrez à vous libérer de toute culpabilité et de toute colère contre autrui.

Règle n° 7 : L'isolement temporaire

Plutôt que de monter le ton, de laisser place à l'agressivité ou à des mots que vous regretteriez ensuite, dans une situation où les émotions prennent le dessus sur le contrôle de la communication, prenez quelques instants pour vous isoler. Cela vous permettra de prendre quelques profondes respirations, de prendre un peu de recul et de revenir sur l'objectif essentiel à toute communication : se sentir à nouveau bien. Demandez-vous alors ce qui vous permettrait de vous sentir bien, repensez aux différentes méthodes de communication abordées dans ce livre et revenez face à la personne lorsque vous vous sentez à nouveau maître de vous-même. Et si vous constatez que la personne en face de vous perd le contrôle de son côté, laissez-lui aussi l'occasion et le temps de s'isoler quelques instants en lui suggérant de se calmer pour que vous puissiez reprendre une discussion entre adultes souhaitant une chose : que tout le monde se sente finalement mieux suite à cet échange.

Règle n° 8 : Valorisez l'autre à la moindre occasion

Même si au départ vous êtes opposés par une divergence d'opinion, par un conflit très ancien ou par une émotion négative comme la colère, pensez au cours de vos discussions à relever le moindre pas en avant de l'autre personne. Dès que la personne admet une chose, vous pardonne pour une autre, propose des solutions, suggère des compromis, recentre la discussion ou fait n'importe quoi qui permet d'atteindre plus rapidement votre objectif commun de mieux vous sentir l'un envers l'autre, voire même ensemble, pensez à la valoriser. Valorisez ses efforts, ses mots, ses gestes, remerciez-la, exprimez votre reconnaissance, votre satisfaction voire votre admiration pour sa façon de réagir. Et rebondissez toujours vers la recherche commune de résultats positifs concrets.

EXERCICE POSITIF : **LA COMMUNICATION POSITIVE**

Imaginez une discussion que vous aimeriez avoir avec une personne en particulier. Choisissez bien le sujet et maintenant imaginez trois personnes : vous, cette personne et une personne neutre et bienveillante.

Dans un premier temps, exprimez vos émotions et vos attentes en vous mettant à votre propre place parlant avec l'autre personne, en tenant compte des différentes règles de la communication positive.

Dans un second temps, mettez-vous à la place de l'autre personne et parlez à sa place en vous adressant à vous-même. Exprimez alors à la première personne ce que cette personne ressent et quelles sont ses attentes, toujours en tenant compte des différentes règles de la communication positive.

Enfin, dans un troisième temps, mettez-vous à la place de la troisième personne, neutre et bienveillante, et pertinente qui plus est ! Et exprimez aux deux autres personnes ce qui vous semble intéressant dans ce que les deux ont exprimé et quelles solutions seraient envisageables pour répondre aux attentes des deux tout en tenant compte de leurs ressentis.

MIEUX COMMUNIQUER AVEC LES ENFANTS

Pour les enfants, il me semble qu'il n'est pas utile de refaire des règles déjà émises, qui me semblent tout à fait pertinentes, malgré l'aspect médiatique de sa prescriptrice : Super Nanny. Cette nounou accompagnant des familles ayant besoin de nouveaux repères pour retrouver une situation stable et agréable au sein de leur famille était la porte-parole d'excellentes règles d'éducation. Pour les avoir toutes appliquées avec mes propres enfants, je vous garantis des résultats très satisfaisants si vous les appliquez bien scrupuleusement.

Quelques règles de base pour une éducation positive de vos jeunes enfants

Que ce soit pour expliquer ce que vous attendez de votre enfant, pour lui dire non ou pour lui parler suite à un mauvais comportement, mettez-vous à sa hauteur, captez son regard et regardez-le toujours droit dans les yeux.

Soyez clair et concis dans vos explications face à un jeune enfant. Faites attention de ne pas tomber dans le piège de la justification sans fin. Une fois l'essentiel dit, ne revenez pas sans cesse dessus.

Ne répétez jamais plus de trois fois une chose à un enfant quand vous lui dites non et que vous lui interdisez un comportement. Une seule fois ne garantit pas que l'enfant ait entendu le message, mais au-delà de trois fois, vous induisez de vous-même implicitement qu'il ne respectera pas ce que vous lui répétez.

En tant que couple, les parents doivent être d'accord sur toutes les questions de l'éducation des enfants, au moins en présence de ces derniers ! Évitez absolument de contredire votre conjoint devant votre enfant, même si vous n'êtes pas tout à fait d'accord. Vous en discuterez ensemble lorsque vous serez seuls.

Soyez d'autant plus ferme que votre enfant a intentionnellement agi à l'encontre d'une règle ou dans le but de provoquer des réactions négatives ou de faire du mal physiquement à une autre personne.

Dans le cas contraire, prenez tout de même le temps de lui expliquer que ce qu'il a fait a pu avoir des conséquences désagréables ou dangereuses, et comment il aurait pu agir autrement ou comment il pourra agir dans une même situation à l'avenir.

Sur du long terme, une des actions réellement efficace est la discussion basée sur l'empathie de l'enfant après son comportement. Les claques ou la frustration du dessert manqué ne sont jamais nécessaires et montrent à l'enfant que vous avez parfois recours à la violence ou au chantage affectif avec de la nourriture, donc pourquoi n'en ferait-il pas autant ensuite ?

Développer son empathie est un véritable cadeau que vous lui faites pour sa vie entière ! Comment faire ?

- Lui demander lorsqu'il est calmé ce qu'il a ressenti à ce moment-là ?
- Lui demander ce qu'il aurait aimé ressentir ?
- Lui demander ce qu'il aurait pu faire autrement pour ressentir cela ?

Puis amenez-le à penser aux ressentis d'autrui.

- À ton avis, qu'ont ressenti les personnes présentes ? (Faire le tour des personnes présentes).
- À ton avis, qu'est-ce que j'ai ressenti ?
- Qu'est-ce que tu aurais préféré que les autres ressentent ?
- Qu'est-ce que tu aurais préféré que je ressente ?
- Qu'est-ce que tu aurais pu faire alors pour que nous ressentions tous cela ?

Ne donnez pas vous-même de réponse, laissez-le donner ses propres réponses même si elles ne vous conviennent pas sur le moment. Précisez juste ce que vous avez réellement ressenti. Avec le temps, votre enfant apprendra à mieux prendre en compte le ressenti d'autrui et adaptera de mieux en mieux son comportement en fonction de cela.

Quoiqu'il arrive n'entrez pas dans la négociation et ne laissez pas croire à votre enfant que vous pouvez changer d'avis. Marquez votre réprobation sur votre visage lorsque vous n'approuvez pas son comportement, évitez de sourire, que ce soit par bienveillance ou par ironie. En revanche, ne manquez aucune occasion de le féliciter et de le valoriser à la moindre de ses réussites, au moindre de ses progrès et même à la moindre de ses intentions positives.

Pensez évidemment à lui dire et lui montrer que vous l'aimez, que vous êtes fier de lui, chaque jour. Pensez aussi à lui exprimer votre propre fierté, car un enfant est une éponge émotionnelle et ce qu'il apprend principalement de vous, c'est ce que vous êtes vous-même réellement, vos émotions et vos ressentis, vos attitudes et vos comportements, vos mots et vos expressions de visage. Le fameux dicton « Faites ce que je dis, mais pas ce que je fais », n'aura aucun écho sur vos enfants, pensez-y ! Alors avant tout, pour rendre vos enfants heureux : montrez-leur l'exemple du bonheur en mettant toutes les chances de votre côté pour être vous-même heureux.

EXERCICE POSITIF (POUR LES PARENTS) :
JE SUIS FIER(E) DE NOUS

Chaque soir de la semaine qui va venir, prenez un petit moment pour aller dire à vos enfants que vous êtes fier(e) de chacun d'entre eux aujourd'hui, car... Trouvez chaque jour au moins une chose qui vous inspire de la fierté dans les actions, les activités, le comportement, l'attitude ou les mots de chacun de vos enfants.

Puis ajoutez que vous êtes vous-même fier(e) de vous aussi aujourd'hui, car... Et là aussi trouvez chaque jour au moins une chose qui vous inspire de la fierté dans vos actions, vos activités, votre comportement, votre attitude ou vos mots.

PARTIE III

LES PILIERS DE VIE OU LES 9 PILIERS DU BONHEUR

L'ÉQUILIBRE DE VIE POUR VIVRE HEUREUX

Un jour, une personne m'a dépeint son bonheur telle une planche de bois maintenue en équilibre par des poteaux. Elle avait le sentiment que son bonheur dépendait avant tout de ces poteaux et avait peur qu'une grande vague les fasse s'écrouler, l'amenant à perdre son équilibre et à se retrouver au fond du trou.

Nous avons alors pris le contre-pied de cette métaphore et je lui ai suggéré d'élargir son attention pour ne plus se focaliser uniquement sur cette peur de voir les poteaux s'effondrer, mais surtout concentrer son énergie à les maintenir et les renforcer. Avec le temps, si nous n'entretenons pas ces poteaux, le bois s'abîme et, même sans vague, la planche peut un jour s'effondrer au moindre souffle de vent. En revanche, avec des poteaux bien solides, renforcés régulièrement, même une grande vague ne les fera pas flancher.

LA MÉTAPHORE DES PILIERS DE VIE

J'aime beaucoup cette métaphore et, depuis, je m'en sers comme base dans mon approche de coaching positif de vie. Après avoir remplacé les poteaux par des piliers, j'ai aussi transformé la planche de bois par une simple feuille blanche, plus fragile et plus souple, à l'image de notre équilibre de vie.

Imaginez donc une feuille blanche, type A4, qui représenterait votre équilibre de vie. Pour certaines personnes, elle peut être au ras du sol, dans les moments où, comme nous l'entendons souvent dire, elle se sent « au fond du trou », « au ras des pâquerettes » ou qu'elle « touche le fond ». Pour tous les autres, cette feuille est plus élevée, légèrement, nettement ou largement. Et tout au long de votre vie, cette feuille est en perpétuel mouvement, avec des moments magiques, où elle est très haut vers le ciel, et d'autres moins agréables, où elle perd en altitude.

Ce que j'aime dans cette métaphore, c'est aussi qu'il n'y a pas de limite dans le ciel, tout comme il n'y a pas de limite au bonheur. Vous n'atteindrez jamais LE bonheur idéal et fantasmatique, mais vous pouvez vous en rapprocher un peu plus. Vous pouvez toujours tendre vers un mieux-être permanent. Mon métier est donc de vous accompagner vers ce mieux-être permanent, c'est-à-dire vous aider à toujours maintenir cette feuille à un niveau minimum de confort et de bien-être émotionnel, et même de la faire monter toujours plus haut.

Imaginez maintenant cette feuille blanche. Elle est à un niveau plus ou moins élevé mais elle a aussi une forme plus ou moins plate ou ondulée en fonction des différents aspects de votre vie. À un moment donné, vous pouvez avoir un pilier concernant la vie amoureuse bien solide (mon homme vient de m'offrir une soirée romantique comme je les aime tant), mais un pilier concernant la vie professionnelle moins solide (je suis en retard dans mes délais et mon patron me met la pression). La feuille prendra son envol d'autant plus facilement qu'elle sera maintenue en équilibre de façon homogène. Avant même de chercher à élever le niveau de votre feuille, il est donc essentiel de veiller à rééquilibrer vos piliers de vie qui la maintiennent. Une fois l'équilibre obtenu, vous pourrez alors travailler à renforcer les piliers pour élever le niveau de la feuille en toute sécurité.

ÉQUILIBREZ VOS PILIERS DE VIE

Concrètement, qu'est-ce que cela signifie dans votre vie ? Tout simplement que la priorité est avant tout de rééquilibrer votre bien-être émotionnel au sein de vos différents piliers de vie, ainsi que l'importance que vous accordez à chacun. Il n'y a pas de pilier plus important qu'un autre, tous sont importants, c'est l'équilibre qui est essentiel. Il est capital de ne pas laisser reposer votre vie sur un ou deux éléments comme le couple et le travail. Si vous perdez votre travail, votre vie ne reposera plus que sur votre couple. Et si votre couple traverse un moment difficile ?

Prenons l'exemple de Sébastien, 30 ans, chef d'entreprise, qui vient me consulter car son couple lui semble en péril. Après lui avoir expliqué cette métaphore des piliers de vie et de la feuille blanche, nous avons évalué l'état actuel de son équilibre de vie. Il en est ressorti qu'il mettait depuis trop longtemps toute son énergie à maintenir uniquement son pilier de vie professionnelle à un niveau correct. En dehors de cela, il avait totalement négligé aussi bien ses loisirs (vie personnelle), ses amis (vie sociale), sa famille (vie familiale) et même sa santé (hygiène de vie). Du côté de son couple (vie amoureuse), il pensait pourtant s'investir mais, avec le recul, face à cet exercice il a réalisé qu'il n'accordait en réalité qu'une heure ou deux à sa femme chaque semaine et uniquement pour satisfaire ses besoins à lui, étant persuadé que cela satisfaisait du coup ses besoins à elle dans son propre pilier de vie amoureuse. Nous avons rééquilibré l'importance accordée à ses différents piliers, leur niveau s'est donc automatiquement élevé, sa vie a retrouvé un équilibre et sa femme lui a demandé de me remercier pour ce changement qui lui a permis de retrouver l'homme dont elle était autrefois tombée amoureuse.

Nous aurions aussi pu nous concentrer exclusivement sur le « problème » qu'était la fragilité de son couple actuellement, et nous aurions certainement pu obtenir de très bons résultats sur ce pilier-là. Mais très vite, le déséquilibre les aurait amenés à revivre encore et encore cette situation. Aussi, en rééquilibrant l'ensemble des piliers, nous avons avant tout permis à Sébastien d'avoir les moyens de maintenir cet équilibre dans le temps. Un an après, Sébastien m'annonçait que sa femme était enceinte et qu'il ne s'était jamais senti aussi heureux que depuis qu'il avait eu ce « déclic » ! Tout était devenu plus simple depuis.

LE DÉCLIC POSITIF : UN FACTEUR ESSENTIEL DE L'ÉQUILIBRE DE VIE

Comme nous l'avons vu, le déclic positif permet de changer votre regard sur votre vie, sur les autres et sur vous-même. Comme pour Sébastien dans l'exemple précédent, avoir le déclic positif permet de rééquilibrer plus facilement vos piliers de vie et donc de vous sentir plus facilement et plus rapidement de plus en plus heureux.

Le déclic positif peut avoir lieu spontanément, suite à une expérience de vie (la mort d'un proche, par exemple) ou dans une démarche volontaire (à la lecture de ce livre, par exemple) mais, quoi qu'il arrive, il est à la portée de tous. Vous avez tous en vous la capacité d'avoir ce déclic et ainsi d'ouvrir une porte sur une nouvelle vie, plus sereine, plus légère, plus équilibrée et plus épanouissante !

Nous avons vu les neuf étapes favorisant le déclic positif de façon globale dans la deuxième partie de ce livre.

Voyons maintenant comment favoriser ce déclic à l'échelle de chacun des piliers de vie.

LES 9 PILIERS DU BONHEUR

Si vous deviez citer les aspects les plus importants de votre vie, il est fort probable que vous commenceriez par parler de votre couple, de votre famille et de votre travail. Les amis peuvent parfois être cités assez spontanément mais d'autres éléments sont tout aussi essentiels dans votre vie. Après des centaines d'entretiens et d'échanges avec des personnes d'âges, de sexe, de personnalités et de niveaux socio-économiques bien différents, voici finalement les neuf piliers de vie qui ressortent ,de façon équivalente, comme essentiels dans la vie de chacune de ces personnes. Chaque instant de votre vie peut-être rattaché à au moins l'un de ces piliers, voire parfois à plusieurs simultanément :

- ***Vie amoureuse :*** couple, célibat, mariage, divorce, fidélité, sexualité, confiance, temps partagés, amour, respect, communication, projets, etc.
- ***Vie professionnelle :*** études, emploi, carrière, projet, bilan de compétences, collègues, hiérarchie, accomplissement de soi, conditions de travail, formations, etc.
- ***Vie sociale :*** amis, proches, copains, connaissances, etc.
- ***Vie familiale :*** parents, frères, sœurs, cousins, oncles et tantes, grands-parents, mais aussi enfants, maman, papa, éducation, etc.
- ***Vie personnelle :*** passions, culture, sport, ciné, littérature, mais aussi bien-être, soin de soi, beauté, détente, relaxation ou encore créativité (peinture, dessin, théâtre, poèmes, art et déco, etc.).

- ***Hygiène de vie :*** sommeil, alimentation, prise en charge de votre santé, symptômes, relation aux médicaments, aux médecins, etc.
- ***Gestion du quotidien :*** gestion du temps, de l'argent, des papiers, mais aussi gestion de la maison, ménage, courses, rangement, lessive, repassage, etc.
- ***Actions pour le monde :*** bonnes actions, écologie, citoyenneté, altruisme, etc.
- ***Épanouissement personnel :*** la vie intellectuelle, apprendre, comprendre, mémoire, analyser, réfléchir, mais aussi les croyances, religion, certitudes, idéologies, épanouissement spirituel et encore toutes les démarches de développement personnel, la confiance en soi, etc.

Nous avons tous besoin d'un équilibre entre ces neuf piliers pour nous sentir émotionnellement bien, c'est indispensable pour pouvoir avancer avec le sourire dans la vie et ainsi en profiter au maximum dans notre quête d'un mieux-être permanent.

EXERCICE POSITIF :
LA VALEUR DE VOS PILIERS DE VIE

Avant d'évaluer votre confort émotionnel, commençons par évaluer la valeur de ces piliers pour vous. Pour chaque pilier, évaluez sur une échelle de 1 à 10 :

LA VALEUR NATURELLE : EST-CE NATUREL SELON VOUS D'ACCORDER DE L'IMPORTANCE À CE PILIER ?

Vie amoureuse
pas du tout 1 2 3 4 5 6 7 8 9 10 tout à fait

Vie professionnelle
pas du tout | 1 | 2 | 3 | 4 | 5 | 6 | 7 | 8 | 9 | 10 | tout à fait

Vie familiale
pas du tout | 1 | 2 | 3 | 4 | 5 | 6 | 7 | 8 | 9 | 10 | tout à fait

Vie sociale
pas du tout | 1 | 2 | 3 | 4 | 5 | 6 | 7 | 8 | 9 | 10 | tout à fait

Vie personnelle
pas du tout | 1 | 2 | 3 | 4 | 5 | 6 | 7 | 8 | 9 | 10 | tout à fait

Hygiène de vie
pas du tout | 1 | 2 | 3 | 4 | 5 | 6 | 7 | 8 | 9 | 10 | tout à fait

Gestion du quotidien
pas du tout | 1 | 2 | 3 | 4 | 5 | 6 | 7 | 8 | 9 | 10 | tout à fait

Actions pour le monde
pas du tout | 1 | 2 | 3 | 4 | 5 | 6 | 7 | 8 | 9 | 10 | tout à fait

Épanouissement personnel
pas du tout | 1 | 2 | 3 | 4 | 5 | 6 | 7 | 8 | 9 | 10 | tout à fait

LA VALEUR ESSENTIELLE : EST-CE ESSENTIEL SELON VOUS D'ACCORDER DE L'IMPORTANCE À CE PILIER ?

Vie amoureuse
pas du tout | 1 | 2 | 3 | 4 | 5 | 6 | 7 | 8 | 9 | 10 | tout à fait

Vie professionnelle
pas du tout | 1 | 2 | 3 | 4 | 5 | 6 | 7 | 8 | 9 | 10 | tout à fait

Vie familiale
pas du tout | 1 | 2 | 3 | 4 | 5 | 6 | 7 | 8 | 9 | 10 | tout à fait

Vie sociale
pas du tout | 1 | 2 | 3 | 4 | 5 | 6 | 7 | 8 | 9 | 10 | tout à fait

Vie personnelle
pas du tout | 1 | 2 | 3 | 4 | 5 | 6 | 7 | 8 | 9 | 10 | tout à fait

Hygiène de vie
pas du tout | 1 | 2 | 3 | 4 | 5 | 6 | 7 | 8 | 9 | 10 | tout à fait

Gestion du quotidien
pas du tout | 1 | 2 | 3 | 4 | 5 | 6 | 7 | 8 | 9 | 10 | tout à fait

Actions pour le monde
pas du tout | 1 | 2 | 3 | 4 | 5 | 6 | 7 | 8 | 9 | 10 | tout à fait

Épanouissement personnel
pas du tout | 1 | 2 | 3 | 4 | 5 | 6 | 7 | 8 | 9 | 10 | tout à fait

LA VALEUR PLAISIR : EST-CE UN PLAISIR POUR VOUS D'ACCORDER DE L'IMPORTANCE À CE PILIER ?

Vie amoureuse
pas du tout | 1 | 2 | 3 | 4 | 5 | 6 | 7 | 8 | 9 | 10 | tout à fait

Vie professionnelle
pas du tout | 1 | 2 | 3 | 4 | 5 | 6 | 7 | 8 | 9 | 10 | tout à fait

Vie familiale
pas du tout | 1 | 2 | 3 | 4 | 5 | 6 | 7 | 8 | 9 | 10 | tout à fait

Vie sociale
pas du tout | 1 | 2 | 3 | 4 | 5 | 6 | 7 | 8 | 9 | 10 | tout à fait

Vie personnelle
pas du tout | 1 | 2 | 3 | 4 | 5 | 6 | 7 | 8 | 9 | 10 | tout à fait

Hygiène de vie
pas du tout 1 2 3 4 5 6 7 8 9 10 tout à fait

Gestion du quotidien
pas du tout 1 2 3 4 5 6 7 8 9 10 tout à fait

Actions pour le monde
pas du tout 1 2 3 4 5 6 7 8 9 10 tout à fait

Il est important d'avoir conscience de la valeur que vous donnez aux choses. Cela vous permettra de mieux choisir vos objectifs personnels positifs en fonction de ces valeurs. Notez vos réponses dans votre carnet positif afin de pouvoir y revenir plus tard.

ÉVALUEZ VOTRE ÉTAT ÉMOTIONNEL PILIER PAR PILIER

Pour commencer, il s'agit de bien différencier ces piliers de vie, de les dissocier afin de vous concentrer sur chaque pilier, un par un, et ainsi pouvoir réellement prendre en compte tout ce qui est en jeu pour chacun.

Trois questions vont vous permettre d'y voir plus clair sur chaque pilier de vie :

1. Quelle est objectivement ma situation actuelle dans ce pilier ?
2. En ce moment, qu'est-ce que je ressens émotionnellement face à cette situation ?
3. Quelle note je me mets sur une échelle de 1 à 10 de bien-être ou de confort émotionnel ?

« Quelle est objectivement ma situation actuelle dans ce pilier ? » La première question permet de se concentrer sur la situation en utilisant la partie gauche du cerveau, décrit par certains comme rationnel, masculin, acquis ou raisonnable. Il s'agit là de décrire la situation dans les détails objectifs, sans y mettre d'émotions, comme si vous décriviez une scène qui se déroule face à vous, mais qui ne vous concerne pas. L'essentiel est de mettre temporairement vos émotions et tout jugement social de côté dans ce premier temps.

« En ce moment, qu'est-ce que je ressens émotionnellement face à cette situation ? » Avec la deuxième question, il s'agit à l'inverse de ne laisser place qu'à l'émotion, celle du moment. Qu'est-ce que vous ressentez lorsque vous vous concentrez sur ce pilier de vie, après en avoir fait une description complète et objective ? Ce qui vous plaît, ce dont vous êtes fier, ce qui vous stimule, vous amuse, vous remplit d'amour, de gratitude, mais aussi tout ce qui pourrait vous faire vous sentir mieux ? Vous remarquerez que nous ne cherchons pas là ce qui va mal, mais bien ce qui pourrait aller mieux ! La nuance est essentielle là aussi. Pour rappel, c'est la base de la psychologie positive. Se concentrer sur ce qui va mal, c'est constater, ressasser, ruminer, tourner en rond, etc. Alors pourquoi ne pas sauter cette étape et aller directement à la suivante, plus constructive, « Comment cela pourrait-il aller mieux ? ». Les éléments restent les mêmes, mais avec une démarche active de recherche de solution bien présente dès le début de la réflexion.

Attention dans cette deuxième étape à bien exprimer vos ressentis personnels, au-delà de tout jugement social. Imaginons que vous soyez au chômage depuis un mois, il est tout à fait possible que vous vous sentiez pourtant très bien émotionnellement, si, par exemple, vous avez enfin la sensation de pouvoir prendre le temps de réfléchir à votre avenir, de profiter un peu de votre famille ou de prendre le temps de souffler avant de retrouver plus tard un poste dans lequel vous pourrez enfin vous épanouir. Bien que le jugement social dénigre ces situations, une personne peut se sentir heureuse dans une situation de célibat, de mère célibataire, de chômage, de parents décédés, etc. Aucune situation n'est émotionnellement mieux qu'une autre de façon absolue pour tout le monde en permanence. Dans un travail stressant, la solution pour retrouver son bien-être émotionnel peut justement être parfois de passer par la case « chômage », tout comme pour une femme battue, une période de célibat peut permettre de se retrouver soi-même et de sourire à nouveau à la vie.

« Quelle note je me mets sur une échelle de 1 à 10 de bien-être ou de confort émotionnel ? » La troisième question peut sembler beaucoup plus « scolaire » puisqu'il s'agit de vous mettre une note. Mais finalement, ce système de notation, s'il est utile et pertinent dans le cadre de l'apprentissage scolaire, pourquoi ne le serait-il pas autant dans le cadre de l'apprentissage du bien-être ? Être capable d'évaluer votre niveau de bien-être est utile à plusieurs niveaux : il vous permet d'y voir vraiment clair à un instant donné, d'avoir une vision globale et à la fois détaillée de votre situation émotionnelle, mais il permet aussi d'avoir un point de départ, et ainsi de pouvoir par la suite constater l'évolution. Avoir conscience de votre évolution, de vos progrès, multiplie les effets d'une telle démarche d'épanouissement personnel. Il est vraiment intéressant suite à quelques séances avec une personne, de lui proposer de réévaluer son état émotionnel sur chacun de ses piliers puis de comparer les résultats avec ceux obtenus lors de la première séance. Les personnes sont en général tellement surprises de constater à quel point ces notes ont augmenté qu'il est fréquent qu'elles se demandent comment elles ont pu avoir une note si basse au début, elles en oublient presque à quel point elles reviennent de loin. C'est pour elles un moment très important car elles prennent ainsi conscience de leur évolution, ce qui leur permet de réalimenter leur motivation pour continuer dans ce sens. Elles sont fières et souvent impatientes d'aller plus loin maintenant qu'elles ont vraiment pris conscience des possibilités et de leurs capacités à être plus heureuses et épanouies.

Concrètement, il s'agit donc pour vous de mettre une note sur une échelle de 1 à 10 en termes de bien-être, de confort émotionnel. Cette note représente sur chaque pilier votre état général, même si, dans les faits, cela peut sembler surprenant. Il est essentiel à ce moment-là de ne se concentrer que sur les émotions du moment, sans trop y réfléchir. Laissez venir la note à vous.

Pour illustrer cette étape, je me souviens de Christophe, un jeune homme en parfaite santé, mais qui pourtant évaluait à 1 son état émotionnel du point de vue de son hygiène de vie. Même s'il faisait beaucoup de sport, qu'il dormait bien, qu'il mangeait équilibré, à ce moment-là, il se sentait coupable et « nul » de ne pas parvenir à arrêter de fumer. Il était obnubilé par cette envie d'arrêter de fumer qui lui gâchait tout son plaisir, que ce soit dans le sport, la nourriture ou même le sommeil. Il se sentait limité dans ses activités sportives, il avait l'impression de ne plus apprécier la saveur des aliments et ne supportait plus cette odeur de tabac sur son oreiller le soir au moment de se coucher. Malgré son dégoût du tabac et son impact sur sa vie, il ne parvenait pourtant pas à arrêter. Ceci expliquant cela, il évaluait donc seulement à 1 son état émotionnel concernant l'ensemble de son hygiène de vie. Après quelques séances, il a vaincu sa dépendance au tabac et, une fois devenu réellement non-fumeur, Christophe était fier de lui. Il se sentait enfin au maximum de ses capacités physiques et il fut surpris de redécouvrir non seulement le goût, mais aussi les odeurs et les saveurs des aliments, sans compter qu'il a enfin pu se coucher le soir sur un oreiller aux odeurs fraîches de l'adoucissant. C'est avec une grande fierté qu'il m'a alors annoncé hésiter entre 9 et 9,5 pour noter son bien-être émotionnel du point de vue de son hygiène de vie actuelle.

Chacun a son propre ressenti de la situation, il n'y en a pas de bon ou de mauvais, seule la vraie émotion compte. Aussi, prenez bien le temps d'être à l'écoute de vos émotions et de vos intuitions, elles sauront toujours vous guider au mieux vers votre propre bien-être. Chaque émotion compte, a un sens et doit être prise en compte pour avancer.

ÉQUILIBREZ VOS PILIERS DE VIE

Vous l'aurez sans doute compris maintenant, il ne s'agit pas de réfléchir uniquement à votre équilibre actuel, mais bien aussi directement à l'équilibre idéal de votre vie. Concentrez-vous sur la vie que vous aimeriez avoir maintenant pour chacun des piliers. Partez tout d'abord de ce qui va réellement bien actuellement et demandez-vous ensuite comment chaque pilier pourrait encore être plus solide et ainsi plus agréable et confortable pour vous.

Pour cela, vous allez vous poser une question simple comme : « Qu'est-ce qui pourrait m'aider à passer de 2 à 4 sur mon échelle de bien-être dans ce pilier de vie personnelle ? », ou bien « Que pourrais-je faire concrètement dans les jours à venir pour passer de la note 4 à la note 7 sur mon échelle de confort émotionnel dans le pilier action pour le monde ? ». Et ainsi de suite pour chacun des piliers, vous allez vous demander comment agir concrètement et à court terme, pour gagner 1 ou 2 points sur votre échelle de bien-être ou de confort émotionnel.

LA MÉTHODE DES PETITS PAS

Attention pour ceux qui ont déjà entendu parler de la « méthode des petits pas », il est essentiel à ce niveau-là de bien la respecter. Doucement mais sûrement, vous parviendrez à vous sentir de mieux en mieux. Ne visez pas trop haut trop rapidement, vous risqueriez la déception. C'est en avançant petits pas par petits pas que vous parviendrez à faire des kilomètres sans vous épuiser.

Lors d'une discussion avec une femme d'une cinquantaine d'années, Marie-Claude, celle-ci m'expliquait qu'elle a appliqué ma méthode de coaching positif de vie sur ses neuf piliers et qu'elle souhaite augmenter la note de son pilier de vie familiale, de 3 au départ. Cependant, elle ne sait pas comment s'y prendre. Je lui demande alors ce qu'elle pourrait faire dans les jours à venir qui lui permettrait de passer de 3 à 5 sur son échelle de bien-être émotionnel. Sa première réponse spontanée fut la suivante : « Je vais dire tout ce que je pense à toute ma famille et je vais me sentir mieux ». Aïe ! Sur le moment, effectivement, elle se sentira peut-être mieux, et encore... Tout dépendra de sa façon de s'exprimer. Et avancer si vite risque de lui faire perdre pied et de faire des généralités du type « personne n'a rien compris » ou « tout le monde m'a prise pour une folle ». En appliquant la méthode des petits pas, nous avons alors décidé ensemble d'avancer doucement mais sûrement. Elle est donc repartie ce jour-là avec pour objectif d'exprimer sereinement son ressenti, sans reproche, et uniquement à sa maman pour l'instant. Ainsi, elle a pu dissocier chacun des membres de sa famille, s'adapter à chacun pour rétablir des relations saines et sereines, et ainsi revenir conclure deux semaines plus tard, qu'elle pouvait désormais se mettre une note émotionnelle de 8 du point de vue de sa vie familiale, car même si son père n'avait pas bien compris sa démarche, elle était parvenue, elle, à se libérer de sa rancœur envers lui et leur relation s'était naturellement améliorée quand même. D'où l'importance de prendre son temps et d'agir petit à petit, étape par étape, avec des objectifs positifs bien choisis et adaptés à chaque situation.

ÉTABLISSEZ DES OBJECTIFS PERSONNELS POSITIFS

Maintenant, comment allez-vous déterminer des objectifs positifs adaptés, pertinents et efficaces pour ressentir une nette amélioration émotionnelle ? Vous allez en fait découvrir comment vous fixer régulièrement un petit objectif personnel positif sur chacun de vos piliers. Rappelez-vous déjà les critères d'un objectif personnel positif : les objectifs doivent être constructifs, agréables, limités dans le temps, réalistes, réalisables, concrets, vérifiables, ne dépendre que de vous et être formulés de façon positive.

Concrètement, pour déterminer vos objectifs positifs pilier par pilier, il va donc s'agir ensuite de vous poser quelques questions très simples : « Qu'est-ce que je remets toujours à plus tard alors que j'aimerais vraiment le faire et que je suis sûr(e) que j'y prendrais du plaisir ou que cela me ferait le plus grand bien ? Qu'est-ce que je pourrais faire concrètement pour avancer positivement sur ce pilier ? Sur quelle période ou à quelle fréquence ? Est-ce vérifiable ? Réaliste ? Réalisable ? Mesurable ? Personnel ? » Pour vous aider, vous pouvez aussi vous demander ce que vous feriez idéalement si vous aviez plus confiance en vous sur chacun des piliers.

Attention, il est essentiel de ne pas viser trop haut, vous risqueriez de vous décevoir vous-même. Une fois réalisé, cet objectif doit être une preuve que vous avez un peu avancé. Mieux vaut avancer doucement mais sûrement et être fier de soi. Tout ne sera pas parfait du jour au lendemain, mais si vous avancez sur ce chemin, le premier pas, le plus difficile, en entraînera d'autres.

Maintenant que nous avons tous les éléments théoriques, passons à la pratique et partons à la découverte de chacun de vos piliers de vie en détail.

LES 9 PILIERS DU BONHEUR

VOTRE VIE AMOUREUSE

Si pour certains la vie amoureuse coule comme un long fleuve tranquille, pour d'autres, la rivière peut être bien agitée, voire bloquée par un barrage. Nous sommes tous à la recherche d'un équilibre émotionnel du point de vue de la vie amoureuse, mais nous ne savons pas toujours comment le trouver, ou bien comment le maintenir.

Pour parvenir à un équilibre dans votre vie amoureuse, plusieurs points sont essentiels. Tout d'abord, il est important de vous poser les questions suivantes :

« Qu'est-ce que j'apprécie dans ma vie amoureuse actuellement ? » Autrement dit, il s'agit ici de trouver tous les bons côtés de votre situation actuelle. Si vous êtes en couple, il peut s'agir des qualités de votre partenaire, des avantages de votre situation, du confort, des bons moments passés ensemble, de votre facilité à exprimer vos attentes ou vos émotions, de la bonne répartition des tâches, de tout l'amour qui vous unit, etc. Si vous êtes célibataire, cela peut être ce sentiment de liberté, cette possibilité de pouvoir profiter de la vie ou de découvrir des personnes différentes et vivre des expériences enrichissantes, mais cela peut aussi être ce plaisir trouvé dans les étapes de séduction, de concrétisation, de ces fameux premiers baisers, etc.

« Qu'est-ce qui pourrait être mieux encore dans ma vie amoureuse actuellement ? » Maintenant, il s'agit de vous demander ce qui vous plairait encore plus, ce que vous pourriez améliorer, ce qui pourrait provoquer encore plus d'émotions positives. Si vous êtes en couple, vous pouvez vouloir améliorer la communication au sein de votre couple ou bien trouver un meilleur équilibre du point de vue de votre sexualité. Vous pouvez aussi vouloir améliorer votre gestion des tâches quotidiennes ou passer plus de temps en tête-à-tête. Si vous êtes célibataire, vous pouvez vouloir trouver des personnes qui répondent davantage à vos besoins, plus d'attentions, plus d'humour, plus de caractère, etc. Vous pouvez aussi vouloir gagner en confiance en vous pour oser aller de l'avant avec les personnes qui croisent votre chemin.

« Quelle note je me mets à l'instant présent sur une échelle de 1 à 10 pour évaluer mon bien-être émotionnel, mon confort émotionnel du point de vue de ma vie amoureuse actuelle ? » Vous devez vous demander ce que vous ressentez réellement maintenant, quels que soient les préjugés sociaux. Vous pouvez tout à fait être célibataire et évaluer à 8/10 votre confort émotionnel, prenant beaucoup de plaisir à profiter de votre vie de célibataire. À l'inverse, vous pouvez être marié depuis quinze ans et évaluer à 3/10 votre confort émotionnel, ayant le sentiment de vivre avec un(e) « colocataire », plutôt qu'avec la personne que vous avez épousée par amour.

« Que pourrais-je faire concrètement dans les jours à venir pour augmenter ma note de 1 à 3 points ? » C'est à ce moment-là que vous allez pouvoir élaborer un petit objectif positif, réaliste, réalisable, concret, évaluable et ne dépendant que de vous-même. Par exemple, si vous êtes en couple, vous pouvez vous fixer pour objectif de proposer un massage à votre partenaire avant la fin de la semaine, ou bien fixer une date pour organiser un petit week-end en amoureux. Plus simplement, vous pouvez aussi vous fixer comme objectif de lister au moins dix qualités de la personne que vous aimez, les dix meilleurs souvenirs que vous avez avec elle ou encore dix raisons qui font que vous aimez passer du temps avec cette personne. Si vous êtes célibataire, vous pouvez vous fixer comme objectif de sortir au moins une fois par semaine pendant un mois dans des lieux où vous pouvez faire des rencontres qui vous conviendraient. Vous pouvez aussi vous fixer comme objectif de faire le premier pas vers au moins une personne qui vous plaît lors de votre prochaine sortie. Plus simplement, vous pouvez aussi vous fixer comme objectif de lister au moins dix qualités que vous aimeriez trouver chez les personnes que vous allez rencontrer dorénavant, vous pouvez aussi lister dix lieux précis où vous aurez des chances de rencontrer des personnes qui vous plairont. Dans tous les cas, vous pouvez soit agir, soit réfléchir. Les listes sont toujours très utiles comme support de réflexion.

EXERCICE POSITIF :

J'AIME MON PARTENAIRE, CAR...

Prenez votre carnet positif et notez-y autant de phrases qui vous viennent à l'esprit commençant par : « J'aime mon conjoint/ma conjointe/mon mari/ma femme, car... ». Pour vous aider à trouver de l'inspiration, réfléchissez aux différents aspects de sa personnalité et de sa vie.

« J'aime mon conjoint(e), car... »

– ....

– ....

– ....

VOTRE VIE PROFESSIONNELLE

Là encore, les situations peuvent être très différentes selon les personnes. Vous pouvez tout aussi bien avoir un poste plus ou moins stable, plus ou moins de responsabilités, dans une équipe plus ou moins grande, avec un salaire plus ou moins élevé, du matériel plus ou moins adapté, des horaires plus ou moins satisfaisants, une reconnaissance plus ou moins suffisante, etc. Et si vous êtes étudiant, à la retraite, sans emploi, à la recherche d'un emploi, en formation professionnelle, en reconversion professionnelle ou en bilan de compétences, par exemple, les choses seront encore bien différentes.

Pour parvenir à un équilibre dans votre vie professionnelle, plusieurs points sont là aussi essentiels. Tout comme dans la vie amoureuse, il va donc s'agir de suivre les questions suivantes pour y parvenir.

« Qu'est-ce que j'apprécie dans ma vie professionnelle actuellement ? » Quels sont tous les bons côtés de votre situation actuelle ? Il est important de toujours commencer par ce qui vous plaît. Revaloriser le positif permet de prendre un peu de recul sur ce dont vous prenez l'habitude de vous plaindre. Vous pouvez apprécier vos horaires de travail ou de formation, votre liberté d'action, vos relations avec vos collègues, vos camarades, vos enseignants ou votre hiérarchie, vous pouvez aimer votre environnement de travail, la distance de votre lieu de travail ou d'études par rapport à votre domicile, etc. Vous pouvez vraiment vous réjouir d'être enfin à la retraite par exemple, ou bien des bons résultats dans vos études, du plaisir que vous prenez à mettre en place des projets, à réfléchir sur votre avenir, à mettre vos compétences au service de personnes ou de projets qui vous tiennent à cœur, et ce, que ce soit dans le milieu professionnel, associatif, bénévole ou même dans votre vie plus personnelle.

« Qu'est-ce qui pourrait être encore mieux dans ma vie professionnelle actuellement ? » Qu'est-ce qui vous plairait encore plus ? Qu'est-ce que vous pourriez améliorer ? Qu'est-ce qui pourrait provoquer encore plus d'émotions positives ? Si vous êtes salarié, vous pouvez vouloir évoluer en termes de responsabilités, de salaires, d'horaires, de compétences utilisées, de missions, etc. La variété est souvent un bon moyen d'améliorer les choses. D'un point de vue estime de soi, vous pouvez vouloir prendre de l'assurance pour oser prendre la parole en public, par exemple, ou pour prendre davantage d'initiatives. Vous pouvez aussi attendre plus de reconnaissance, ou avoir besoin d'un matériel plus adapté. À la retraite, vous pouvez vouloir vous sentir plus utile, ou bien vouloir être reconnu pour tout ce que vous avez fait durant votre carrière.

« Quelle note je me mets à cet instant précis sur une échelle de 1 à 10 pour évaluer mon bien-être et mon confort émotionnel du point de vue de ma vie professionnelle actuelle ? » Qu'est-ce que vous ressentez réellement maintenant personnellement ? Là encore, il ne s'agit pas d'évaluer votre situation d'un point de vue social. Vous pouvez tout à fait être bénéficiaire d'allocations chômage et évaluer à 7/10 votre bien-être émotionnel, sachant que cette situation vous permet d'avoir du temps pour vos proches ou pour réfléchir sur vos ambitions professionnelles. Vous pouvez être à la retraite et vous mettre une note de 1/10 si vous vous sentez totalement inutile ou bien un 9/10 si vous êtes membre actif d'une association qui vous tient vraiment à cœur. Un étudiant peut se mettre un 3/10 même si ses résultats scolaires sont bons, s'il a l'impression de ne pas être à sa place dans ce cursus ou bien se mettre un 7/10 même s'il n'est pas certain de réussir son examen, car il a le sentiment d'apprendre tout de même des choses passionnantes et d'être entouré de personnes très enrichissantes.

« Que pourrais-je faire concrètement dans les jours à venir pour augmenter ma note de 1 à 3 points ? » Quel objectif positif, réaliste, réalisable, concret, évaluable et ne dépendant que de vous-même allez-vous pouvoir vous fixer ? Il ne s'agit pas, vous l'avez sans doute bien compris, de vous fixer un objectif trop important et radical du jour au lendemain. Il n'est pas question de quitter votre boulot, de dire ses quatre vérités à votre patron ou à votre professeur. Chaque chose en son temps. C'est peut-être l'occasion de vous fixer pour objectif de ranger entièrement vos tiroirs ou vos dossiers dans votre ordinateur. Vous pouvez sinon trouver la fiche de poste la plus complète correspondant à votre activité professionnelle actuelle et entourer toutes les compétences que vous avez. Vous pouvez aussi lister au moins dix compétences que vous aimeriez utiliser ou développer, ou dix conditions de travail que vous aimeriez avoir. Vous pouvez vous fixer pour objectif de prendre contact avec cinq éventuels futurs employeurs ou cinq associations qui vous tiennent à cœur. Aller vers les autres, sans autre objectif au départ que d'aller à leur rencontre se révélera souvent très utile pour avancer. La notion de réseau est essentielle du point de vue professionnel.

EXERCICE POSITIF :

MON NIVEAU D'ÉPANOUISSEMENT PROFESSIONNEL

Voici une petite liste de critères qui vont vous permettre d'estimer à quel niveau vous vous épanouissez professionnellement. Prenez votre carnet positif et notez-y

chacune des phrases que vous pourriez affirmer dans votre cas parmi les suivantes. Évaluez votre niveau d'épanouissement professionnel en comptabilisant un point par critère rempli.
C'est parti : note sur 32

1. J'ai envie d'aller au travail, je suis motivé(e) pour y aller
2. Je me sens bien quand je suis au travail
3. Mon travail est une de mes passions
4. Je travaille dans des conditions qui me correspondent très bien
5. Je gagne financièrement ce que je désire gagner avec ce travail
6. Mon travail correspond à mes conditions physiques, je m'y sens en pleine forme
7. Mes compétences correspondent aux missions qui me sont confiées (ni plus ni moins)
8. J'ai confiance en mes compétences et mes capacités profes-sionnelles
9. Je sais prendre du recul sur mon travail et me remettre en question régulièrement
10. J'aime le niveau de responsabilité que j'ai dans mon travail
11. J'ai la liberté d'action que je désire dans mon travail
12. Ma relation avec mes collègues est enrichissante
13. Ma relation avec mon employeur est satisfaisante
14. Je me sens reconnu(e) pour ce que je fais sur mon lieu de travail
15. Je me sens reconnu(e) pour mon travail par mes proches
16. Je ne m'ennuie jamais au travail
17. Je ne me lasse jamais de mon travail
18. Je ne suis jamais débordé(e) par mon travail

19. Je prends des initiatives facilement dans mon travail
20. J'ai des idées d'évolution de mes missions, de mon poste ou de mon travail
21. Je me fixe des objectifs professionnels et je parviens à les atteindre
22. Je m'investis à 100 % dans mon travail
23. Le rythme de mon travail me convient très bien
24. J'arrive à bien organiser mon emploi du temps professionnel/personnel
25. Ma vie professionnelle cohabite parfaitement avec ma vie privée
26. Je peux dormir au moins 6 heures par nuit
27. Je peux manger de façon équilibrée
28. Je connais mes limites au travail et je sais déléguer si nécessaire
29. J'aime me former régulièrement pour (ou au sein de) mon travail
30. Je suis en accord avec la politique et les finalités de la structure qui m'emploie
31. Je sais voir le bon côté de chaque situation et en ressortir toujours plus fort
32. Je peux m'exprimer dans mon travail : personnellement, artistiquement, émotionnellement, etc.

Une fois que vous obtenez votre niveau d'épanouissement professionnel, notez-le à la date d'aujourd'hui et continuez l'exercice. Relisez maintenant ces affirmations et retenez particulièrement les trois que vous aimeriez le plus pouvoir affirmer. Notez-les dans votre carnet positif et réfléchissez dès maintenant à un premier pas concret qui pourrait vous faire avancer dans ce sens.

VOTRE VIE FAMILIALE

Il n'existe pas de situation familiale idéale, chaque famille est unique, chaque relation est spéciale. Si pour certains la vie familiale va se concentrer uniquement sur le noyau dur des parents, frères et sœurs, pour d'autres il s'agira avant tout de la nouvelle famille, créée par choix, c'est-à-dire le couple et les enfants. Pour d'autres encore, la famille est un ensemble qui va des arrière-grands-parents aux petits-neveux et petites-nièces. De nos jours, la famille peut aussi inclure d'autres personnes qui n'ont pas le même sang : la belle-famille, la famille recomposée avec les demi-frères ou demi-sœurs, les beaux-parents, la belle-fille ou le beau-fils, etc. Chacun est libre de définir sa famille comme il le ressent.

Pour parvenir à un équilibre dans votre vie familiale, plusieurs points sont là encore essentiels. Suivant le même schéma que précédemment, vous pouvez donc vous poser les questions suivantes.

« Qu'est-ce que j'apprécie dans ma vie familiale actuellement ? » De quoi êtes-vous déjà satisfait ? Quelles émotions positives sont engendrées par votre situation familiale actuelle ? Peut-être que l'amour de votre famille est une base solide à votre équilibre de vie ou bien que vos relations avec votre sœur en particulier vous comblent. Peut-être que votre grand-mère est un modèle pour vous et qu'elle vous aide chaque jour à avancer ou bien que vos enfants sont votre plus belle fierté. Peut-être que vos coups de fil à votre mère chaque jour vous font le plus grand bien ou alors que vos soirées foot avec votre père vous réjouissent particulièrement. Enfin peut-être que les repas de famille sont des moments privilégiés que vous adorez ou bien encore que vos relations via Internet vous permettent de garder un contact simple et régulier avec la plupart des membres de votre famille. Autant de points de satisfaction possibles qu'il est toujours bon de vous rappeler.

« Qu'est-ce qui pourrait être encore mieux dans ma vie familiale actuellement ? » Quelle que soit la situation de départ, il est toujours possible de l'améliorer ! Que la situation vous semble particulièrement bloquée ou au contraire particulièrement agréable, vous pouvez toujours imaginer qu'elle puisse être encore meilleure. Comment votre situation familiale pourrait-elle devenir meilleure ? Vous pouvez rêver d'améliorer vos relations avec telle ou telle personne, ou bien vouloir passer plus de temps avec les uns ou les autres. Vous avez peut-être envie d'obtenir une meilleure place au sein de votre famille, d'être plus reconnu, valorisé, que l'on vous accorde plus d'importance. Dans un autre registre, vous aimeriez peut-être que vos proches s'entendent mieux entre eux, vos parents par exemple, vous aimeriez que votre famille intègre plus votre conjoint, ou que votre belle-famille vous intègre davantage. Vous pouvez aussi ressentir le besoin d'être plus aimé, de vivre plus de moments tendres ou joyeux en famille ou bien encore de vous sentir plus utile au sein de votre famille.

« Quelle note je me mets à cet instant précis sur une échelle de 1 à 10 pour évaluer mon bien-être et mon confort émotionnel du point de vue de ma vie familiale actuelle ? » Comment évaluez-vous émotionnellement votre situation familiale à l'heure actuelle (sans trop tenir compte de votre passé, juste d'après ce que vous ressentez actuellement, entre ce que vous appréciez et ce qui pourrait être mieux) ? Là encore, vous pouvez vous mettre 3/10 même si vous êtes bien entouré, comblé en apparence et pourtant… avec un sentiment d'inutilité ou un manque de reconnaissance. Vous pouvez tout autant vous mettre 8/10 alors que vous ne parlez plus à vos parents, ni à vos frères et sœurs, si vous êtes serein face à cette situation, c'est-à-dire si vous êtes libéré de toute colère, rancœur ou pitié et que vous avez accepté la situation qui vous permet de ne garder en tête que le meilleur de la situation. Vous pouvez estimer à 5 ce confort si tout va bien avec une partie de votre famille, mais si vous ressentez vraiment un manque ou une frustration avec une autre partie. Vous pouvez vous sentir très bien avec votre famille en tant qu'époux et parent, et délaissé avec votre famille en tant qu'enfant ou frère/sœur. Vous pouvez vous sentir au contraire comblé en tant que fils ou frère et vous sentir incapable en tant qu'époux ou parent. Les émotions peuvent parfois être bien mélangées au sein de ce pilier de vie familiale. Cette note permet déjà d'y voir un peu plus clair.

« Que pourrais-je faire concrètement dans les jours à venir pour augmenter ma note de 1 à 3 points ? » Il est temps de passer à l'action ! Des petites actions simples, mais efficaces. Que pouvez-vous faire pour vous sentir mieux du point de vue de votre vie familiale ? Et si vous vous fixiez comme objectif d'organiser un petit ou un grand repas de famille avant la fin du mois ? À moins que vous ne préfériez avoir une discussion constructive et bienveillante avec l'une des personnes de votre famille en particulier ? Vous pouvez aussi décider d'écrire une lettre pour vous libérer de votre colère envers telle personne, ou bien envoyer un petit message à tous vos cousins pour simplement leur dire qu'ils vous manquent. Et si vous commenciez tout simplement par lister au moins dix qualités de chaque membre de votre famille ? Vous pouvez sinon programmer un temps en tête-à-tête chaque semaine avec au moins deux personnes qui comptent pour vous dans votre famille : chaque enfant, chaque parent, chaque frère ou sœur pour commencer.

EXERCICE POSITIF :

JE M'ÉPANOUIRAIS DAVANTAGE DANS MA FAMILLE SI...

Prenez votre carnet positif et notez en dessous autant de phrases qui vous viennent à l'esprit commençant par : « Je m'épanouirais encore plus dans ma famille si... »

Attention, il n'est pas question ici d'être négatif (bannissez les idées comme « si ma mère était moins envahissante »), mais constructif : pensez plutôt à des solutions comme « si je passais plus de petits moments agréables avec ma mère », « si je me sentais plus aimé par mon père », « si j'osais parler de ça à ma sœur », etc.

Enfin, demandez-vous comment vous pouvez déjà commencer par un petit pas en faveur de ces améliorations !

VOTRE VIE SOCIALE

Qu'est-ce que la vie sociale ? Vous pensez peut-être comme de nombreuses personnes qu'elle peut s'évaluer en fonction du nombre d'amis que vous avez ou de la fréquence à laquelle vous les voyez. La vie sociale est bien plus riche que cela. Elle regroupe tout ce qui se rapporte à vos relations avec les autres, avec vos amis, certes, mais aussi avec des copains/copines, des connaissances, avec les gens en général. Êtes-vous à l'aise en société ? Avez-vous besoin de vous sentir toujours entouré ou au contraire avez-vous besoin de votre indépendance et de votre liberté ? Les personnes qui vous entourent sont-elles authentiques et positives ? Vous tirent-elles vers le haut ou vers le bas ? Ce sont autant de questions qui peuvent vous permettre d'y voir plus clair dans votre vie sociale.

Pour parvenir à un équilibre dans votre vie sociale, plusieurs points sont toujours essentiels. Partez donc mener l'enquête habituelle à l'aide de ces questions.

« Qu'est-ce que j'apprécie dans ma vie sociale actuellement ? » Si vous faites partie des personnes très entourées, avec une vie sociale bien remplie, de nombreuses sorties ou de nombreuses rencontres, c'est sans doute parce que vous y trouvez un certain plaisir. Qu'appréciez-vous dans cette vie sociale si remplie ? Si au contraire, vous faites partie de ceux qui apprécient leur indépendance, qui comptent leurs amis sur les doigts d'une main ou qui apprécient de voir leurs proches uniquement quand ils en ressentent vraiment l'envie ou le besoin, c'est que cette situation vous apporte sans doute une satisfaction personnelle. Qu'appréciez-vous dans cette vie sociale bien établie ? Peut-être trouvez-vous un certain plaisir à parler avec votre meilleur ami, à partager une activité particulière avec telle autre personne, voire à échanger des heures sur Internet avec des amis virtuels ?

« Qu'est-ce qui pourrait être encore mieux dans ma vie sociale actuellement ? » Comment pourriez-vous vous sentir mieux avec les autres, comment pourriez-vous vous sentir mieux entouré ? Certains aimeraient se sentir plus sociables, plus ouverts, moins timides, d'autres aimeraient avoir davantage confiance en eux ou dans les autres. Peut-être aimeriez-vous voir du monde plus souvent, ou bien voir des personnes plus intéressantes, ou même simplement trouver le bon rythme avec les bonnes personnes. Vous pouvez aussi espérer améliorer les relations avec une personne en particulier, vous libérer d'un sentiment de colère, de culpabilité ou de rancœur vis-à-vis d'une autre personne. Il est toujours possible d'entretenir et d'améliorer vos relations aux autres, l'essentiel est d'identifier lesquelles et comment.

« Quelle note je me mets à cet instant précis sur une échelle de 1 à 10 pour évaluer mon bien-être et mon confort émotionnel du point de vue de ma vie sociale actuelle ? » Comment est-ce que vous ressentez cette situation ? Êtes-vous à l'aise ? Est-ce que vous vous sentez débordé, délaissé, satisfait, comblé, frustré ? Il est tout à fait possible d'être très entouré et de ne se mettre pourtant qu'une note de 4/10 par exemple, si vous avez le sentiment que ces personnes ne sont pas toujours authentiques et sincères avec vous. Vous pouvez au contraire tout aussi bien vous mettre un 9/10, si vous avez seulement un ami sur qui compter quoi qu'il arrive, mais que cette personne vous comble et suffit à répondre à vos besoins émotionnels sociaux. Vous pouvez aussi avoir de nombreuses connaissances, sans pour autant avoir de réels amis et en être tout à fait satisfait, ou bien avoir un noyau d'amis sincères équilibré et solide, mais qui ne réponde plus à vos besoins. Soyez le plus sincère possible avec vous-même, écoutez votre cœur pour estimer ce niveau émotionnel social.

« Que pourrais-je faire concrètement dans les jours à venir pour augmenter ma note de 1 à 3 points ? » Comment passer à l'action ? Que faire ? Tout d'abord, vous pouvez prendre du recul et faire l'exercice de « la liste des personnes positives de ma vie » proposé dans la deuxième partie de ce livre. Cet exercice est un point de départ très utile pour savoir ensuite comment agir et sur quelles relations. Ensuite, vous pouvez proposer à une ou plusieurs de ces personnes de partager un moment en particulier, ou bien leur faire une petite surprise, un petit cadeau, ou encore leur envoyer un petit mot tout simple mais sincère pour les remercier de ce qu'ils vous apportent. Tout comme pour une relation de couple, une relation sociale s'entretient, se préserve, s'apprécie autour de petites choses simples et de petits moments particuliers. Faire plaisir à l'autre, c'est se faire plaisir à soi-même, d'autant plus lorsque vous êtes particulièrement attaché à cet autre !

EXERCICE POSITIF :
DES PETITES ATTENTIONS POSITIVES

Reprenez la liste des personnes positives que vous avez établie lors de l'exercice des personnes positives de votre vie et repérez trois personnes parmi celles ayant le plus de + dans votre liste. Entrez en contact avec ces trois personnes d'une façon agréable pour vous comme pour l'autre, non-intéressée et inhabituelle. Surprenez un ami à qui vous envoyez souvent des messages en lui envoyant une carte postale. Surprenez votre copain à qui vous proposez toujours de sortir boire une bière en ville en lui proposant de venir regarder son film préféré chez vous avec une bière à la main. Ou plus simplement envoyez à tous un petit message tel que « petite pensée pour toi, je suis heureux de t'avoir dans ma vie. Merci d'être là pour moi tout simplement ».

Chaque semaine, faites-en autant avec trois autres personnes.

VOTRE VIE PERSONNELLE

Il est important de penser aux autres, mais il est aussi essentiel de penser à vous-même. On dit souvent que votre bonheur passe par le bonheur des autres, mais il est tout aussi vrai que le bonheur des autres passe par VOTRE bonheur. Alors, prenez le temps de prendre soin de vous, de vos envies, de vos goûts, apprenez à vous faire plaisir. La vie personnelle inclut tout ce que vous faites pour vous-même, pour vous faire du bien, pour vous faire plaisir, pour vous détendre, etc. Des activités de loisirs aux passions, des petits moments de détente devant la télé aux grands moments d'adrénaline du saut en parachute, des plaisirs simples comme sentir le soleil chauffer votre visage aux plaisirs intellectuels comme apprendre une nouvelle langue, tous ces plaisirs ne vous sont pas imposés et sont à apprécier à leur juste valeur.

Pour parvenir à un équilibre dans votre vie personnelle, les mêmes questions vont vous permettre d'avancer sur ce pilier de vie tout aussi essentiel que les autres.

« Qu'est-ce que j'apprécie dans ma vie personnelle actuellement ? » La première étape est essentielle dans ce pilier, car il s'agit de prendre conscience de tout ce que vous faites déjà pour vous et uniquement pour vous. Qu'est-ce que vous faites qui vous fait plaisir, qui vous fait du bien et qui vous manquerait si vous ne le faisiez plus ? Visualisez toute une semaine, du premier réveil le lundi matin jusqu'au dernier coucher le dimanche soir et listez tous ces moments que vous aimez, des moments de plaisir qui vous appartiennent, à vous et à vous seul. Même si vous pouvez parfois partager ces moments avec des proches (regarder une série en famille, faire une randonnée entre copains, aller chez le coiffeur avec une amie), vous avez tout de même des petits moments rien qu'à vous que vous appréciez (le petit café seul du matin, la séance de massage ou de hammam mensuelle, la petite sieste de début d'après-midi, la petite chanson en voiture sur la route pour le boulot). Il n'y a pas de petits plaisirs qui ne vaillent le coup d'être revalorisés.

« Qu'est-ce qui pourrait être encore mieux dans ma vie personnelle actuellement ? » Qu'est-ce que vous aimeriez vraiment faire qui vous ferait plaisir ? Qu'est-ce qui vous manque dans votre vie personnelle ? Du temps à vous accorder ? Vous êtes débordé et vous aimeriez mieux vous organiser pour trouver du temps pour prendre soin de vous. Des envies ? Vous ne savez pas de quoi vous avez envie, vous ne savez même pas si vous avez vraiment envie de vous faire plaisir. Des idées ? Vous avez bien envie de vous faire plaisir, mais comment ? De l'estime ? Est-ce que vous méritez de prendre du plaisir ? Vous aimeriez peut-être en être plus convaincu.

« Quelle note je me mets à cet instant précis sur une échelle de 1 à 10 pour évaluer mon bien-être et mon confort émotionnel du point de vue de ma vie personnelle actuelle ? » Finalement, à combien est-ce que vous évaluez votre bien-être émotionnel sur ce pilier de vie personnelle ? Si vous parvenez vraiment à apprécier ces petits moments de plaisir réguliers ou même ces moments rares mais précieux où vous savez vous faire plaisir, alors vous pouvez vraiment vous mettre une note correcte. À l'inverse, le fait que vous ne preniez pas suffisamment le temps de vous faire du bien, que ce ne soit pas une priorité et que vous en ressentiez une frustration, cela peut vous pousser à vous mettre une note moins élevée. Peut-être faites-vous beaucoup de choses, faites-vous partie de plusieurs clubs ou associations, êtes-vous passionné par plusieurs activités (la moto, la peinture, la décoration, les chevaux ou le cinéma), mais pourtant, il vous est impossible de vous mettre une très bonne note car il vous manque de la reconnaissance ou de la gratitude. Au contraire, peut-être que vous n'avez qu'un petit moment par semaine pour vous mais qu'il vous suffit et que vous l'appréciez tellement que vous pouvez vous mettre une excellente note. Laissez parler vos émotions !

« Que pourrais-je faire concrètement dans les jours à venir pour augmenter ma note de 1 à 3 points ? » Quelle que soit la note que vous vous êtes mise, vous pouvez toujours trouver des moyens de l'augmenter, ou tout au moins de l'entretenir. Par quels moyens allez-vous y parvenir ? Vous pouvez commencer par lister tout ce que vous aimez faire, tout ce que vous avez toujours aimé faire, tout ce que vous avez toujours rêvé de faire aussi. Quelles activités feriez-vous si vous aviez tout le temps et l'argent nécessaires pour cela ? Pour passer à l'action, vous pouvez déjà vous renseigner sur les différentes associations existantes dans votre village ou votre ville. Vous pouvez sinon vous noter à l'avance chaque semaine dans votre agenda un moment rien que pour vous, régulier ou différent à chaque semaine, mais un temps dédié à votre propre plaisir. Vous pouvez aussi rejoindre un groupe de personnes qui partagent une même passion, sur Internet ou dans un club par exemple. Partager ses passions et ses plaisirs multiplie leurs effets, pensez-y !

EXERCICE POSITIF :
SI J'ÉTAIS RICHE ET DISPONIBLE...

Si vous étiez riche et que vous aviez beaucoup de temps libre, que feriez-vous de vos journées ? Vous rêveriez de faire certaines activités sportives ? D'aller dans un institut de bien-être toutes les semaines, de vous offrir des massages, des manucures, des soins du visage régulièrement ? À moins que vous ne rêviez de voyager ? Ou alors de faire de la peinture, de la décoration, de la musique ou aller à la plage ? Prenez votre carnet positif et listez toutes ces choses qui vous combleraient si vous étiez riche et disponible. Et voyez si vous ne pourriez pas déjà introduire l'une de ces activités au moins chaque semaine.

VOTRE HYGIÈNE DE VIE

Comment être heureux si vous avez en permanence des migraines ou si vous vous sentez fatigué dès le premier rayon de soleil ? Comment avancer si vous êtes victime de pulsions alimentaires ou d'insomnies ? Comment vous épanouir si vous êtes dépendant à la nicotine, au cannabis, au chocolat, aux antidépresseurs ou aux somnifères ? La santé, le sommeil, l'alimentation, la gestion de votre corps sont autant de points essentiels à votre équilibre de vie. Prenez le temps d'en prendre soin.

Pour parvenir à un équilibre dans votre hygiène de vie, posez-vous toujours ces mêmes questions qui vont vous permettre de mieux gérer votre corps et votre santé.

« Qu'est-ce que j'apprécie dans mon hygiène de vie actuellement ? » Chaque jour, qu'est-ce que vous faites de bon pour votre corps ? Chaque semaine ? Chaque mois ? Vous pouvez déjà être fier de vous si vous mangez équilibré, si vous ne grignotez pas entre les repas, si vous mangez en quantité raisonnable mais suffisamment pour apporter à votre corps l'énergie dont il a besoin. Vous pouvez être fier de vous si vous vous réveillez le matin en forme, si vous parvenez à vous endormir rapidement quand vous vous couchez ou bien, par exemple, si vous parvenez tout comme moi à dormir six heures d'affilée sereinement chaque nuit. Vous pouvez aussi être fier de vous si vous entretenez régulièrement votre corps, avec une hygiène correcte, du brossage de dents au soin de vos ongles et de vos cheveux en passant par un sport régulier ou bien si vous prenez soin de votre peau, avec de la crème solaire en été et l'hydratant l'hiver par exemple. Autant de bonnes raisons d'être fier de vous !

« Qu'est-ce qui pourrait être encore mieux dans mon hygiène de vie actuellement ? » Même si vous prenez déjà un minimum soin de votre corps et de votre santé, vous pouvez sans doute faire encore mieux. Vous aimeriez peut-être par exemple dormir mieux, plus longtemps ou moins longtemps ? Vous aimeriez mieux gérer votre alimentation, vous libérer de vos dépendances nuisibles pour votre corps, ou peut-être simplement retrouver un rythme d'alimentation ou de sommeil plus régulier ? Vous aimeriez peut-être vous remettre au sport, ou en faire plus régulièrement, plus longtemps ou changer d'activité sportive ? Vous aimeriez vous débarrasser de certains symptômes, une verrue, une allergie, une douleur chronique, un asthme ou des migraines ? À moins que vous ne souhaitiez juste vous sentir plus en forme, plus mince, plus tonique, plus énergique ?

« Quelle note je me mets à cet instant précis sur une échelle de 1 à 10 pour évaluer mon bien-être et mon confort émotionnel du point de vue de mon hygiène de vie actuelle ? » En prenant en compte ce dont vous êtes déjà fier et ce que vous aimeriez tout de même améliorer, comment est-ce que vous évaluez votre niveau de confort émotionnel du point de vue de votre hygiène de vie ? Vous êtes peut-être mince, mais votre dépendance au chocolat vous empêche de vous mettre plus de 6/10. Vous êtes peut-être asthmatique, mais grâce au sport et à une bonne alimentation, vous vous sentez bien dans votre corps, ce qui vous permet de vous mettre une note de 7/10. À moins que vous ne soyez dépendant de trop de médicaments, ce qui vous amène à une note de 2/10 ? Soyez à l'écoute de votre émotion de l'instant, pas celle d'il y a un mois quand vous faisiez davantage de sport, ni celle d'il y a une semaine quand vous avez traversé une phase d'insomnie. C'est l'émotion actuelle qui compte, en fonction de la situation actuelle.

« Que pourrais-je faire concrètement dans les jours à venir pour augmenter ma note de 1 à 3 points ? » Comment améliorer la gestion de votre corps et de votre santé ? Selon ce que vous souhaitez améliorer, vous pouvez par exemple chercher à connaître vos cycles de sommeil pendant une ou deux semaines ou bien établir un planning de repas auquel vous tenir pendant quinze jours. Vous pouvez aller vous renseigner sur les clubs de sport aux alentours ou sur les associations sportives existantes dans les environs. Vous pouvez aussi vous renseigner sur les traitements homéopathiques pour vous libérer de certaines dépendances ou de certains symptômes de façon naturelle et saine. Vous pouvez peut-être prendre un rendez-vous chez une esthéticienne pour un soin du visage ou pour une manucure ou une pédicure. Vous pouvez enfin, par exemple, prendre contact avec un diététicien, un coach sportif, un spécialiste du sommeil ou un médecin homéopathe. Quoi qu'il en soit, sur la question du corps et de la santé, veillez à bien vous informer, voire à vous faire accompagner sur la durée si besoin est. La santé, c'est la vie, n'est-ce pas ?

EXERCICE POSITIF :

SIX ÉTAPES POUR MIEUX DORMIR EN SEULEMENT SIX HEURES DE SOMMEIL

Attention, en cas de problèmes de sommeil plus particuliers, je vous invite à en parler avec un spécialiste ! Ceci est à mettre en application dans les meilleures conditions de santé de départ.

ÉTAPE 1 : REPÉREZ VOS CYCLES DE SOMMEIL

Pour cela, notez chaque jour pendant une semaine ou deux l'heure de chacun de vos bâillements sur votre

carnet positif. Notez aussi les heures de vos réveils spontanés au milieu de la nuit et le matin.
Vous aurez ainsi une liste d'heures que vous pouvez classer par ordre chronologique afin de voir ressortir des heures régulières similaires chaque jour à un rythme à peu près de toutes les heures et demie. Au final vous pouvez presque arrondir les heures pour obtenir un rythme comme celui-ci par exemple : 5 h 00 – 6 h 30 – 8 h 00 – 9 h 30 – 11 h 00 – 12 h 30 – 14 h 00 – 15 h 30 – 17 h 00 – 18 h 30 – 20 h 00 – 21 h 30 – 23 h 00 – 0 h 30 – 2 h 00 – 3 h 30…

Étape 2 : Calez votre temps de sommeil habituel sur vos cycles

Si vous avez l'habitude de vous coucher environ vers 22 h 30 et que vous avez un début de cycle à 23 heures, attendez 22 h 45 pour vous coucher, ce qui vous laisse quinze minutes avant le début de votre cycle pour calmer votre rythme cardiaque.

Et si vous avez l'habitude de mettre votre réveil à sonner par exemple à 7 heures, mettez-le à 6 h 30, à l'heure d'un début de cycle, pour ne pas vous réveiller en plein milieu d'un cycle.

Gardez ce rythme plusieurs jours.

Étape 3 : Éteignez votre réveil !

Une fois le rythme bien pris, plus besoin de réveil, vous vous apercevrez que vous allez vous réveiller spontanément une minute juste avant que votre réveil ne sonne. C'est que votre corps s'est bien réglé sur vos cycles naturels de sommeil, vous pourrez dorénavant lui faire confiance pour vous réveiller tous les jours à la même heure (même le dimanche, mais rien ne vous empêche de profiter tout de même d'une bonne grasse matinée pour le plaisir !).

Étape 4 : Réduisez d'une heure et demie votre temps de sommeil

Une fois que le rythme est bien pris, couchez-vous 1 h 30 plus tard que d'habitude en veillant à bien vous occuper calmement et agréablement durant cette période. Ou bien mettez votre réveil 1 h 30 plus tôt le matin, en veillant à vous programmer quelque chose d'agréable à faire de bon matin.

Gardez ce rythme plusieurs jours.

Étape 5 : Dormez 6 heures par nuit avec une petite sieste en journée

En fonction du nombre d'heures que vous dormiez au départ, réduisez de 1 h 30 en 1 h 30 votre temps de sommeil pour en arriver à 6 heures de sommeil. N'hésitez pas à vous programmer une petite sieste de trente minutes maximum en journée, à une petite sieste de trente minutes maximum en journée, à prendre plus rapidement le rythme.

Étape 6 : Dormez profondément en seulement 6 heures par nuit !

Fini les siestes, fini le réveil, votre corps sera réglé comme une horloge, la plus naturelle des horloges au monde !

Les premières semaines, vous pourrez ressentir une petite fatigue en soirée, mais très vite, vous serez en forme de votre réveil à votre coucher, même en pratiquant des activités sportives en journée.

Et en cas de passage particulièrement fatiguant émotionnellement, n'hésitez pas à dormir 1 h 30 de plus de temps en temps, ça ressource immédiatement en une seule nuit !

Prenez bien votre temps pour passer d'une étape à l'autre, cela peut prendre jusqu'à plusieurs semaines pour arriver au résultat final.

LA GESTION DE VOTRE QUOTIDIEN

Il est possible que vous soyez en couple, avec un travail qui vous plait, des amis, une belle famille et en pleine santé et que, pourtant, des conditions ne soient pas favorables à votre bonheur. Courir après le temps, après l'argent, après la poussière ou les papiers administratifs, c'est beaucoup d'énergie ! La gestion du temps, de l'argent, des tâches administratives ou des tâches ménagères sont autant de points qui méritent toute notre attention.

Pour parvenir à un équilibre dans la gestion de votre quotidien, posez-vous ces mêmes questions qui vont vous permettre de mieux gérer votre quotidien.

« Qu'est-ce que j'apprécie dans la gestion de mon quotidien actuellement ? » Il est important d'avoir conscience de ce dont vous êtes capable, de ce que vous savez bien faire, de ce que vous savez bien gérer dans votre vie quotidienne. Ce n'est pas donné à tout le monde de terminer toutes ses fins de mois avec un compte en banque positif, ni d'être à jour sur toutes ses démarches administratives. Ce n'est pas si simple de maintenir propre et rangé une maison ou un appartement, d'avoir un rythme régulier ou une répartition des tâches claire et précise pour tout ce qui concerne les travaux ménagers. Tout le monde n'est pas capable de trouver le temps de faire tout ce que d'autres parviennent à faire. Si c'est votre cas, savourez cette chance et cette fierté.

« Qu'est-ce qui pourrait être encore mieux dans la gestion de mon quotidien actuellement ? » Certaines personnes souhaitent mieux gérer leur temps mais d'autres préféreraient déjà mieux gérer leur argent. Certaines personnes souhaiteraient être mieux organisées, voire être aidées pour déclarer leurs impôts ou remplir leurs papiers de la CAF ou de la Sécurité sociale, d'autres apprécieraient vraiment de l'aide dans la gestion du foyer, qu'il s'agisse de répartition des tâches ménagères ou bien d'une aide extérieure. Plus simplement, vous pouvez tout gérer correctement mais vouloir aussi y prendre plus de plaisir ou au contraire lâcher un peu prise sur tout cela.

« Quelle note je me mets à cet instant précis sur une échelle de 1 à 10 pour évaluer mon bien-être et mon confort émotionnel du point de vue de la gestion actuelle de mon quotidien ? » Comment est-ce que vous vous sentez par rapport à la gestion de votre quotidien ? Vous savez gérer plusieurs choses, mais d'autres pourraient être améliorées, et au milieu de tout cela, qu'est-ce que vous vous ressentez ? À combien est-ce que vous évaluez votre confort émotionnel ? 1/10, vous êtes complètement débordé, dépassé ou frustré ? 4/10, il est temps de vous reprendre en mains, vous vous laissez un peu trop aller ? 6/10, il vous suffirait d'un petit coup de main peut-être pour que tout soit plus simple et plus agréable ? 9/10, vous êtes particulièrement fier de vous à ce niveau-là ? Que vous dit votre instinct émotionnel ?

« Que pourrais-je faire concrètement dans les jours à venir pour augmenter ma note de 1 à 3 points ? » Comment améliorer la situation et vous sentir ainsi encore mieux du point de vue de la gestion de votre quotidien ? Et si vous lanciez un défi à toutes les personnes qui partagent votre toit avec des points à marquer à chaque tâche ménagère effectuée avec un cadeau à la clé ? Et si vous vous renseigniez sur les aides à domicile ? Et si vous demandiez un coup de main à un proche pour vous aider à remplir vos papiers administratifs ? Et si vous vous fixiez d'avance une heure la semaine prochaine pour vider votre corbeille de papiers administratifs à ranger ? Et si vous vous achetiez un cahier de comptes pour y noter toutes vos dépenses et vos entrées au fur et à mesure ? Et si vous parveniez à bien dormir, même si exceptionnellement la vaisselle attendait demain pour être faite ? Autant de petites actions qui peuvent vous aider à vous sentir mieux au milieu de toutes ces missions quotidiennes !

EXERCICE POSITIF :
SI J'AVAIS UNE BAGUETTE MAGIQUE...

Prenez votre carnet positif et un stylo et faites le tour de chez vous, pièce par pièce. Notez tout ce que vous aimeriez changer, améliorer, ranger, trier, jeter, réparer, ajouter ou embellir dans chacune des pièces si vous aviez là maintenant une baguette magique dans les mains.

Une fois que vous avez fait tout le tour de chez vous, déterminez trois éléments de cette liste à faire chaque semaine et rayez-les de la liste lorsqu'ils sont faits.

VOTRE ENGAGEMENT POUR LE MONDE

Nous avons tous besoin de nous sentir utiles, de trouver notre place sur Terre ou un sens à notre vie. Pour cela, rien de tel que de mettre votre pierre à l'édifice du monde dans sa globalité. Que ce soit au niveau de la protection de l'environnement, d'actions écologiques, de bénévolat, d'altruisme au sens large du terme, à chaque fois que vous allez « donner », cela participera à votre engagement pour le monde et ainsi à votre équilibre émotionnel.

Pour parvenir à un équilibre dans votre engagement pour le monde, suivez ce même guide de questions.

« Qu'est-ce que j'apprécie dans mon engagement pour le monde actuellement ? » Avez-vous déjà conscience de tout ce que vous faites à votre petit niveau pour le monde, pour les autres, pour la planète ? C'est le moment de le vérifier. Peut-être que vous triez vos papiers, vos verres, vos bouchons de bouteilles et/ou vos déchets ménagers ? Peut-être que vous donnez votre sang régulièrement ou que vous avez une carte de donneur d'organe dans votre portefeuille ? Peut-être même que vous êtes membre d'une association ou bénévole dans une structure ? Peut-être que vous faites parfois, régulièrement ou souvent des dons, de vêtements, de nourriture, d'argent à tel ou tel organisme ? Peut-être consacrez-vous du temps pour aider les autres, être à leur écoute, etc. ? De quoi pouvez-vous donc être fier dans votre engagement pour le monde ?

« Qu'est-ce qui pourrait être encore mieux dans mon engagement pour le monde actuellement ? » Il est évidemment possible d'en faire toujours plus en termes d'engagement pour le monde. L'altruisme, la générosité, le don de soi sont sans fin. Il ne s'agit pas pour autant de sacrifier votre vie pour les autres ou la planète, mais de trouver un équilibre qui vous permette de vous sentir utile tout en prenant en compte vos possibilités et vos réelles motivations. Si vous êtes plutôt dans une démarche écologique, vous aimeriez sans doute en faire plus pour notre planète ; si vous avez des personnes proches qui sont atteintes de maladie, vous aimeriez sans doute pouvoir apporter votre contribution d'une façon ou d'une autre en faveur de la recherche. Et si vous avez toujours eu un pincement au cœur pour les enfants abandonnés, pour la situation des pays pauvres ou pour les animaux maltraités, il ne tient qu'à vous de vous intéresser de plus près à ces causes.

« Quelle note je me mets à cet instant précis sur une échelle de 1 à 10 pour évaluer mon bien-être et mon confort émotionnel du point de vue de mon engagement pour le monde actuel ? » Sachant ce que vous faites déjà pour le monde et sachant que vous pourriez faire encore davantage pour des causes qui vous tiennent à cœur, comment évaluez-vous votre confort émotionnel du point de vue de votre engagement et de vos actions pour le monde ? Êtes-vous en accord avec vos valeurs, avec vos principes, avec vos motivations ? Avez-vous le sentiment d'en faire trop, pas assez, à juste mesure ? Êtes-vous fier de vous ou vous sentez-vous impuissant ? Quelle note vous vient à l'esprit sur une échelle de 1 à 10 de bien-être émotionnel en pensant à tout cela ?

« Que pourrais-je faire concrètement dans les jours à venir pour augmenter ma note de 1 à 3 points ? » Après réflexion, il est temps de passer à l'action ! Que pouvez-vous concrètement faire aujourd'hui, demain ou la semaine prochaine qui vous permettrait de vous sentir encore mieux vis-à-vis de votre engagement pour le monde ? Vous pourriez peut-être aller vous acheter des ampoules économiques ? Rapporter vos piles usagées ou vos médicaments périmés ? Donner tous les objets qui traînent dans le fond de votre garage à une œuvre caritative ? Aller donner votre sang ? Installer un panier pour commencer à mettre de côté les bouchons en plastique ? Acheter une boule de lavage pour votre machine à laver ? Pour commencer, vous pouvez tout simplement lister au moins dix petites actions pour le monde que vous prendriez plaisir à réaliser petit à petit dans les semaines à venir. Et si vous voulez aller plus loin, il peut être question de vous fixer l'objectif de rejoindre en tant que bénévole une structure d'aide, ou bien d'organiser un événement ludique sur le tri sélectif par exemple ? La diffusion de cet engagement multiplie les effets sur le monde et sur vous-même par la même occasion en termes d'estime de soi.

EXERCICE POSITIF :
LES BONNES ACTIONS

Prenez votre carnet positif et notez-y toutes les bonnes actions que des personnes font, réfléchissez aux personnes les plus connues, à vos parents, à vos amis, à ces inconnus qui font tant pour le monde. Et listez tout ce que ces personnes font ou peuvent faire pour apporter leur pierre à l'édifice d'un monde meilleur.

Puis reprenez cette liste, entourez tout ce que vous faites déjà à votre niveau parmi ces éléments, et surlignez ce que vous aimeriez faire un peu plus dorénavant.

VOTRE ÉPANOUISSEMENT PERSONNEL

En dehors de vos actions (pour nous, pour notre corps, pour notre quotidien ou pour le monde) et de vos relations (amoureuses, familiales, sociales ou professionnelles), vous ne pouvez trouver un équilibre émotionnel que si vous tenez aussi compte de votre relation avec vous-même intérieurement. Qu'est-ce qui se passe dans votre tête ? Quelle image avez-vous de vous ? de votre vie ? de votre passé ? de votre avenir ? Avez-vous confiance en vos capacités, en vos compétences, en votre intuition ? Quelles sont vos qualités humaines, vos atouts, vos forces, vos points à améliorer ? Avez-vous besoin d'apprendre, de comprendre, de réfléchir ? Avez-vous le sentiment général d'avancer, de stagner, de reculer ? Êtes-vous quelqu'un de bien ? Autant de questions que vous vous posez plus ou moins et qui influencent tous les autres piliers.

Pour parvenir à un équilibre dans votre épanouissement personnel, là encore cette série de questions va vous être bien utile.

« Qu'est-ce que j'apprécie dans mon épanouissement personnel actuellement ? » En quoi êtes-vous quelqu'un de bien ? Quels sont vos atouts ? vos forces ? vos capacités ? vos compétences ? En quoi pouvez-vous avoir confiance en vous ? Êtes-vous capable d'aider les autres, de respecter des délais, de respecter autrui ? Quelles sont les valeurs qui guident votre vie ? Quelles sont les valeurs dont vous êtes fier ? L'honnêteté, la sincérité, la justice, l'authenticité, la sécurité, le respect, l'amour, le plaisir, l'ouverture d'esprit, la tolérance ? En quoi est-ce que vous vous donnez les moyens d'être plus heureux ? En lisant ce livre déjà ! Mais certainement aussi d'autres façons : des livres de développement personnel, des films, des discussions, des forums sur Internet, des tests de personnalité, des exercices positifs pour mieux vous connaître, des temps de recul sur vous-même, etc.

« Qu'est-ce qui pourrait être encore mieux dans mon épanouissement personnel actuellement ? » En quoi pourriez-vous vous sentir plus en accord avec vous-même ? Aimeriez-vous gagner en confiance en vous ? En estime de vous-même ? Aimeriez-vous accepter davantage votre image dans le miroir ? Prendre plus facilement la parole en public ? Cesser de rougir au moindre compliment ? Vous seriez peut-être mieux si vous vous connaissiez mieux, si vous développiez telle ou telle compétence ou si vous étiez plus « intelligent » ou moins étourdi ? Quelles qualités ou quelles compétences aimeriez-vous développer ? De quelles croyances contraignantes aimeriez-vous vous libérer ? Quelles limites aimeriez-vous dépasser ? Quelles peurs aimeriez-vous surmonter ?

« Quelle note je me mets à cet instant précis sur une échelle de 1 à 10 pour évaluer mon bien-être et mon confort émotionnel du point de vue de mon épanouissement personnel actuel ? » Globalement, qu'est-ce que vous ressentez vis-à-vis de vous-même en tant qu'individu dans votre totalité, tenant compte de vos points forts et de vos points à améliorer ? Quelle note pouvez-vous vous mettre pour évaluer votre confort émotionnel lorsque vous pensez à vous-même ? Il est possible d'avoir une image correcte de vous, d'un point de vue extérieur, de vous sentir quelqu'un de bien et pourtant de vous sentir en décalage avec cette image et estimer à 4/10 votre confort émotionnel face à votre propre personne, à votre propre image de vous-même. À l'inverse, il est possible de manquer de confiance en vous, d'assurance, d'avoir des peurs et des limites, et pourtant avoir conscience que vous êtes une personne juste, humaine, généreuse et authentique et ainsi pouvoir vous mettre au moins 7/10 en termes de bien-être émotionnel face à votre propre image. Là encore, il n'est pas toujours possible d'expliquer le pourquoi d'une note, ce qui compte, c'est la note qui vous vient instinctivement et spontanément.

« Que pourrais-je faire concrètement dans les jours à venir pour augmenter ma note de 1 à 3 points ? » Il ne tient qu'à vous de passer à l'action pour vous sentir mieux avec vous-même et apprendre à vous aimer toujours plus. L'idéal est d'arriver un jour à dire comme mon amie et collègue Anelor que vous êtes enfin tombé amoureux de vous-même.

Pour cela, vous pouvez, par exemple, commencer par faire des petits exercices de valorisation de vos qualités, de vos forces, faire un bilan de vos compétences professionnelles ou des tests de personnalité (tests de QI et/ou tests de QE). Et si vous vous offriez une séance de conseil en image ou un rendez-vous avec un coach de vie ? Il est peut-être temps de vous acheter un nouveau livre qui traite de la confiance en soi, de l'estime de soi ou de la gestion des émotions ? Si un salon du bien-être est organisé près de chez vous, il ne tient qu'à vous de vous y rendre pour découvrir de nouvelles techniques et de nouveaux moyens d'aller toujours plus loin vers un mieux-être permanent.

EXERCICE POSITIF :
NOS QUALITÉS SONT NOS FORCES

Prenez votre carnet positif et notez-y le maximum de qualités que vous aimez chez les autres : qualités physiques, intellectuelles, sociales, humaines, etc. (Vous pouvez vous aider d'Internet pour trouver le maximum de qualités possibles). Puis relisez chacune de ces qualités et entourez toutes celles que vous possédez ne serait-ce qu'un petit peu. Soyez honnête avec vous-même, nous avons tous des qualités, souvent même beaucoup plus que nous ne le pensons !

QUELS SONT MES GROS CAILLOUX ?

Si vous êtes comme la plupart des personnes qui viennent me consulter, ce qui peut à ce moment-là vous venir à l'esprit, c'est la notion de temps. « C'est bien joli tous ces objectifs, mais, même si j'y mettais toute la bonne volonté du monde, je ne parviendrais jamais à réaliser autant de petites actions chaque semaine. » Alors comment faire ? Pour mieux y réfléchir, je vous propose une anecdote qui tourne sur Internet telle une légende urbaine depuis plusieurs années, et qui m'a un jour ouvert les yeux sur mes priorités et une meilleure gestion de mon temps.

Pour situer le contexte, alors que j'étais mariée et enceinte de mes filles, j'avais l'habitude de dépasser régulièrement mes heures de travail et de rentrer parfois très tard. Un soir, alors que ma grossesse était déjà bien avancée, je me suis surprise une fois de plus à faire des heures supplémentaires. Avant de rentrer chez moi, j'ai tout de même fait un dernier tour sur ma messagerie et là je suis tombée sur ce mail.

Un jour, un vieux professeur de l'École nationale d'administration publique (ENAP) fut engagé pour donner une formation sur la planification efficace de son temps à un groupe d'une quinzaine de dirigeants de grosses compagnies nord-américaines. Debout devant ce groupe d'élites (qui étaient prêt à noter tout ce que l'expert allait leur enseigner), le vieux prof les regarda un par un, lentement, puis leur dit : « Nous allons réaliser une expérience. »

De dessous la table qui le séparait de ses élèves, le vieux prof sortit un immense pot de verre de plus de 4 litres qu'il posa délicatement en face de lui. Ensuite, il sortit environ une douzaine de cailloux à peu près gros comme des balles de tennis et les plaça délicatement, un par un, dans le grand pot. Lorsque le pot fut rempli jusqu'au bord et qu'il fut impossible d'y ajouter un caillou de plus, il leva lentement les yeux vers ses élèves et leur demanda : « Est-ce que ce pot est plein ? »

Tous répondirent : « Oui. »

Il attendit quelques secondes et ajouta : « Vraiment ? »

Alors, il se pencha de nouveau et sortit de sous la table un récipient rempli de gravier. Avec minutie, il versa ce gravier sur les gros cailloux puis brassa légèrement le pot. Les morceaux de gravier s'infiltrèrent entre les cailloux, jusqu'au fond du pot.

Le vieux prof leva à nouveau les yeux vers son auditoire et réitéra sa question : « Est-ce que ce pot est plein ? »

Cette fois, ses brillants élèves commençaient à comprendre son manège. L'un d'eux répondit : « Probablement pas ! »

« Bien ! » dit le vieux prof.

Il se pencha de nouveau et cette fois, sortit de sous la table un sac de sable. Avec attention, il versa le sable dans le pot. Le sable alla remplir les espaces entre les gros cailloux et le gravier. Encore une fois, il redemanda : « Est-ce que ce pot est plein ? »

Cette fois, sans hésiter et en chœur, les brillants élèves répondirent : « Non ! »

« Bien ! » dit le vieux prof.

Et comme s'y attendaient ses prestigieux élèves, il prit le pichet d'eau qui était sur la table et remplit le pot jusqu'au ras bord. Le vieux prof leva alors les yeux vers son groupe et demanda : « Quelle grande vérité nous démontre cette expérience ? »

Pas fou, le plus audacieux des élèves, songeant au sujet de ce cours, répondit : « Cela démontre que même lorsque nous croyons que notre agenda est complètement rempli, si nous le voulons vraiment, nous pouvons y ajouter plus de rendez-vous, plus de choses à faire. »

« Non, répondit le vieux prof. Ce n'est pas cela. La grande vérité que nous démontre cette expérience est la suivante : si nous ne mettons pas les gros cailloux en premier dans le pot, nous ne pourrons jamais les faire entrer tous, ensuite. »

Il y eut un profond silence, chacun prenant conscience de l'évidence de ces propos.

Le vieux prof leur demanda alors : « Quels sont les gros cailloux dans votre vie ? Votre santé ? Votre famille ? Vos amis ? Réaliser vos rêves ? Faire ce que vous aimez ? Apprendre ? Défendre une cause ? Vous détendre ? Prendre le temps ? Ou tout autre chose ? Ce qu'il faut retenir, c'est l'importance de mettre nos GROS CAILLOUX en premier dans notre vie, sinon nous risquons de ne pas réussir notre vie. Si nous donnons priorité aux peccadilles (le gravier, le sable), nous remplirons notre vie de peccadilles et nous n'aurons plus suffisamment de temps précieux à consacrer aux éléments importants de notre vie. Alors, n'oubliez pas de vous poser à vous-même, la question : quels sont les gros cailloux dans ma vie ? Ensuite, mettez-les en premier dans votre pot (vie). »

D'un geste amical de la main, le vieux professeur salua son auditoire et quitta lentement la salle.

Cet e-mail a été pour moi une révélation. Quels étaient mes gros cailloux ? Ces derniers temps, mon boulot prenait facilement le dessus sur tout le reste. Mais j'allais bientôt devenir maman, de deux petites puces, qui plus est d'un seul coup, et je ne tenais pas pour autant à passer à côté de ma vie de couple, de ma vie sociale ou de mes plaisirs personnels. Tous mes piliers de vie me sont apparus un par un, tous aussi essentiels les uns que les autres, au moins autant que ma vie professionnelle qui ne pouvait plus prendre à tel point le dessus sur mon temps. Ce jour-là, j'ai imprimé cette phrase « Quels sont mes gros cailloux ? » et je l'ai collée sur le devant de mon ordinateur. Depuis ce jour, j'ai toujours respecté mes horaires, sans aucune culpabilité, et depuis ce « déclic positif », je prends bien « le temps » de veiller à bien répartir « mon temps » entre mes différents gros cailloux, autrement dit entre mes différents « piliers de vie ». C'est réellement ce que je vous propose de tester. Prenez le temps d'identifier le temps que vous prenez pour chacun de vos piliers, ainsi que celui que vous aimeriez prendre pour chacun d'entre eux, compte tenu de tout ce que nous avons vu depuis le début de ce livre. La gestion du temps est une clé essentielle dans l'équilibre de vie, donc dans la perspective d'un bonheur permanent, alors prenez le temps de mieux gérer votre temps !

EXERCICE POSITIF :

LA PLACE DE MES GROS CAILLOUX

Si vous avez un agenda, prenez-le, sinon prenez votre carnet positif et notez dessus tout ce que vous avez fait depuis sept jours. Notez à la fois vos heures de travail, vos rendez-vous chez le médecin ou le moment des courses, notez les heures de repas, vos heures de sommeil, de télé, de jeux avec vos enfants, de discussions avec des amis, de conversations téléphoniques ou sur Internet, vos temps de trajets s'il y en a, et même vos temps passés sous la douche ou dans la salle de bain pour vous brosser les dents, etc. Vous devriez ainsi pouvoir remplir 24 heures sur 24 les sept dernières journées.

Puis prenez neuf crayons de couleur, une couleur par pilier de vie et mettez chaque moment de la couleur qui vous semble la plus appropriée au pilier correspondant. Certains moments peuvent cumuler plusieurs piliers, donc plusieurs couleurs. En un coup d'œil, vous verrez ainsi immédiatement le temps que vous passez pour chacun des piliers. Croisez ces temps avec les valeurs que vous avez accordées à chaque pilier (naturelle, essentielle, plaisir) au début de ce chapitre.

Il ne vous reste plus qu'à rééquilibrer le tout !

PARTIE IV

PROJETS DE VIE, PROJETS DE BONHEUR

LE SECRET DU BONHEUR

Par définition, un secret est une chose qu'il ne faut pas partager. On nous a appris à le garder pour nous. Si vous divulguez un secret, vous trahissez la personne qui vous l'a confié. Si vous gardez un secret en vous, vous souffrez de ne pas pouvoir le partager. C'est pourquoi très souvent, quand on vous confie un secret, vous êtes partagé entre la fierté que l'on vous fasse confiance, la frustration parfois de ne pas l'avoir su avant ou bien celle de ne pas pouvoir le partager à votre tour. Beaucoup d'émotions sont donc liées aux secrets.

Toute cette réflexion m'amène à vous parler d'un secret en particulier. Ce secret aurait été gardé pendant des décennies, mais aujourd'hui, il n'a plus vocation à rester caché. Pour ma part, j'ai décidé de le dévoiler à mon tour.

Voulez-vous savoir quel est le secret du bonheur ? Mais que dit-elle ? De quoi parle-t-elle ? — me direz-vous ! Allons, pour cesser ce suspens insoutenable, je vais partager avec vous ce que je sais du secret du bonheur : c'est qu'il n'y a pas de secret !

Rien n'est magique, rien n'est compliqué, tout est simple et accessible. Il suffit de prendre en considération un ensemble : le bonheur d'un instant avec la perceptive d'un avenir toujours meilleur, le plaisir du moment et le sens que nous lui donnons quand nous l'inscrivons dans l'avenir. Concrètement, cela signifie qu'il faut profiter de chaque instant, mais aussi continuer à faire des projets, savourer l'ici et le maintenant tout en continuant à rêver. Une personne qui ne profite que de l'instant présent risque de subir des situations moins agréables par la suite, si elle ne considère pas les conséquences de ses actes dans la durée. C'est le cas des personnes impulsives qui prennent plaisir à dire ce qu'elles pensent au moment où elles le pensent, ou des personnes boulimiques qui se laissent envahir par le besoin de manger à l'instant présent, connaissant pourtant parfaitement le malaise que cela provoquera en elles par la suite. À l'inverse, une personne ne pensant qu'à l'avenir risque de passer à côté de nombreux petits plaisirs simples du présent — comme un homme d'affaires passant à côté des meilleurs moments de l'éveil de ses enfants. L'équilibre, là encore, est l'essentiel dans votre cheminement vers un bonheur permanent. Profitez de l'instant présent tout en gardant l'espoir d'un avenir toujours meilleur.

EXERCICE POSITIF :

VOTRE BILAN POSITIF DU SOIR

Pour mieux profiter de l'instant présent, chaque soir un peu avant d'éteindre la lumière pour vous endormir, prenez votre carnet positif rapidement et notez-y trois expériences positives qui vous sont arrivées au cours de la journée, de quelle façon vous y avez contribué et les émotions que vous avez précisément ressenties avant, pendant et suite à cette expérience.

Exemple : ma collègue m'a fait un compliment. Je lui ai dit juste avant que j'étais contente de travailler avec elle sur ce projet car c'est réellement ce que je ressentais. Lorsqu'elle m'a complimentée, j'étais à la fois surprise, émue, touchée et fière. J'ai ressenti comme de la force, de la reconnaissance aussi et puis cela m'a motivée pour avancer encore plus loin sur notre projet !

Ma conclusion : un compliment en amène un autre, donner c'est recevoir…

LA LOI DE L'ATTRACTION

Continuons à parler de secret, je sais que vous adorez cela ! Sur ce thème, un film américain a fait fureur en 2009 aux États-Unis, *The Secret* de Rhonda Byrne. En quelques mots, ce film-documentaire est une réalisation qui regroupe différentes personnalités parlant de « la loi de l'attraction ». Il semblerait que celle-ci soit l'un des secrets du bonheur permanent…

QU'EST-CE QUE LA LOI DE L'ATTRACTION ?

En résumé, il s'agit d'une loi supposée fonctionner comme un aimant. La vie attire à vous ce que vous pensez, ce que vous ressentez, ce que vous imaginez, ce que vous projetez. Vos pensées provoquent vos sentiments. Vous ressentez tous chaque jour des sentiments bons ou mauvais. Ils vous font vous sentir plus ou moins bien. Vos pensées influencent ces sentiments : des pensées positives vous permettent de vous sentir bien et vous apportent de bonnes choses ; à l'inverse vos pensées négatives vous amènent à vous sentir moins bien. Développer vos pensées positives revient à améliorer vos sentiments, donc votre humeur et votre état général.

Vous pouvez orienter vos pensées, essayez ! Écoutez des choses simples comme une musique qui vous fait du bien.

Pensez à un bébé qui sourit, une personne chère qui rigole, au ronronnement d'un chat. Vous vous sentez immédiatement mieux, juste le temps de ces petites pensées. Et parfois cela dure même après.

Vos sentiments génèrent les mêmes sentiments. Naturellement, consciemment ou non, vous attirez alors à vous ce qui va confirmer vos sentiments. Vous avez sans doute déjà remarqué ces fameuses « bonnes journées » ? Ou bien peut-être les « moins bonnes journées », où les bonnes ou mauvaises choses s'enchaînent ?

Globalement, lorsque vous vous sentez bien, vous attirez les personnes qui se sentent bien et inversement. Ainsi, vous provoquez chez eux les réactions que vous attendez d'eux.

Par déduction logique, si vous vous entraînez à développer en vous des pensées positives, si vous faites en sorte de penser positivement le plus souvent possible, vous vous sentirez mieux et vous attirerez à vous ce que vous désirez profondément. Le secret du bonheur serait-il donc que le bonheur attire le bonheur ? À moins que le secret du bonheur se résume simplement à le désirer très fort et à y croire.

Et si le secret du bonheur se résumait à avoir le fameux déclic positif qui consiste à prendre conscience de vos émotions à l'instant présent et des émotions que vous souhaiteriez idéalement ressentir à cet instant et dans les minutes, les heures, les jours, les mois et les années à venir ? Pour bien bénéficier de la loi d'attraction, il faut être à l'écoute de vos émotions présentes et de vos rêves. Le déclic positif consiste justement à vous ouvrir les yeux sur ces émotions et sur ces rêves, ainsi qu'à commencer à y croire pour que tout devienne alors possible.

EXERCICE POSITIF
TIRÉ DU FILM *THE SECRET* :

Prenez votre carnet positif et passez commande à l'Univers de tout ce que vous rêvez d'avoir, de vivre, de ressentir, là maintenant ou bien demain, dans un mois, dans un an, dans dix ans, ou un de ces jours ! Considérez l'Univers comme un catalogue de tout ce qui peut vous faire plaisir et vous rendre heureux et passez commande !

Prenez votre stylo, comme si vous faisiez une liste de courses et laissez-vous inspirer par vos rêves.

Puis imaginez la vie que vous auriez si chaque rêve se réalisait. Visualisez les situations dans les moindres détails, imaginez ce que vous ressentiriez et ressentez !

La loi d'attraction fera le reste ! ☺

OUI AU DÉCLIC POSITIF POUR TOUJOURS !

On se dit souvent qu'on n'est jamais sûr que le bonheur durera toujours. Si grâce à un déclic positif, vous atteignez finalement un tel niveau de bonheur que vous n'hésitez pas à vous déclarer enfin heureux, cet état durera-t-il toujours ou retombera-t-il aussi vite qu'il est venu ? Autrement dit, le déclic positif est-il réversible ? Le bonheur peut-il vraiment être permanent lorsque nous y avons goûté un instant ?

Tout comme l'apprentissage du vélo, celui du bonheur ne se fait pas en un jour. Mais le déclic qui permet soudain à un enfant de tenir son équilibre seul et sans roulettes vient pourtant instantanément et pour toujours. Ce déclic est irréversible. Il en est exactement de même pour le déclic positif ! L'apprentissage nécessite quelques connaissances, quelques mises en pratique d'exercices ou d'objectifs positifs. Puis un jour, soudainement, vient le déclic positif : vous comprenez, vous ressentez quelque chose de plus en vous. Impossible de décrire exactement ce qu'il se passe, mais il se passe quelque chose ! Vous percevez une sorte de légèreté, un mieux-être, un sentiment parfois de liberté, de confiance. Tout devient possible et ancré dans la réalité.

Disons qu'il existe plusieurs niveaux de perception du monde :

- une vision totalement réaliste, que nous pourrions symboliser par un carré ;
- une vision totalement idéaliste, que nous pourrions symboliser par un rond ;
- deux visions relativistes : un rond dans un carré, ou un carré dans un rond – selon l'ordre d'importance accordé à la réalité ou aux rêves.

J'ai le sentiment que le déclic positif est l'occasion pour certains de passer d'un carré à un rond dans un carré : la personne s'ouvre à de nouvelles perspectives de vie, de rêves, de bonheur accessible. Pour d'autres, le déclic positif consiste plutôt à passer d'un rond à un carré dans un rond : la personne prend conscience que les rêves ont leur limite, que l'action peut aussi avoir du bon. Pour les personnes déjà relativistes, le déclic serait d'équilibrer la taille du rond ou du carré : le rêve et l'action s'imbriquant alors de mieux en mieux.

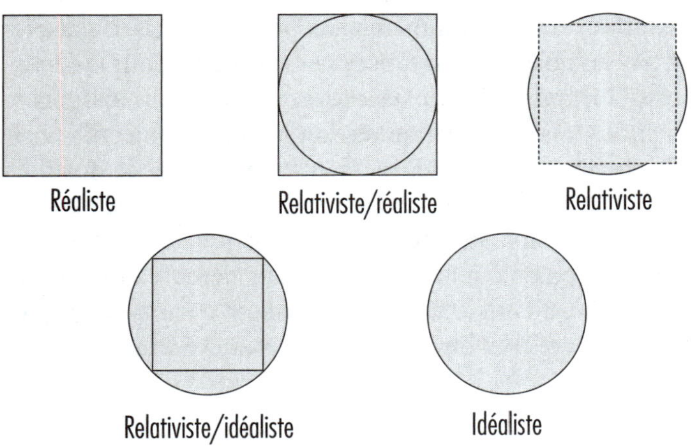

Les différents niveaux de perception du monde

Une fois le déclic ressenti, vous pouvez avoir parfois tendance, en fonction des événements de votre vie, à redonner plus d'importance à la réalité (au carré). D'autres se laisseront peut-être aller un peu plus à leurs rêveries utopiques (le rond)... Mais, quoi qu'il en soit, il semble peu probable que l'union des deux puisse un jour se rompre. Les premiers garderont toujours une place pour un rond et les seconds pour un carré. En d'autres termes, le déclic positif est irréversible, oui. Ce qui ne signifie pas qu'il ne faut pas l'entretenir ! À la moindre difficulté dans la vie, quelques lectures sur le bonheur, quelques exercices positifs, quelques discussions avec des personnes positives et l'équilibre entre le rond et le carré sera automatiquement retrouvé. Comme pour un enfant avec son vélo, il suffit de le remettre sur un vélo quelques minutes pour que tous ses automatismes reviennent immédiatement.

EXERCICE POSITIF :

VOTRE PERCEPTION SYMBOLIQUE DU MONDE

Prenez votre carnet positif et dessinez le symbole qui vous décrirait le mieux en ce moment : un rond, un carré, un rond dans un carré, un carré dans un rond, de quelles tailles ? Notez la date à côté et la moyenne de vos notes à vos piliers de vie actuellement.

Revenez sur cet exercice de temps en temps et comparez l'évolution de vos symboles avec le temps en parallèle avec l'évolution de votre moyenne de piliers de vie. Vous y trouverez sans doute la clé pour vous recentrer en cas de besoin : tendre vers plus de rondeur (de rêves) ou plus d'angles (de cadres formels).

LE BONHEUR, ÇA S'ENTRETIENT !

Que vous ayez ou non déjà ressenti ce fameux déclic positif ou même que vous vous demandiez si vous l'avez ressenti ou si vous le ressentirez un jour, peu importe ! Ce n'est que théorique finalement. L'essentiel est le ressenti. Comment vous sentez-vous ? La grande question, c'est : « Êtes-vous capable de dire que vous êtes heureux ? » Si ce n'est pas encore le cas, prenez bien le temps de trouver les exercices qui vous parlent le plus, appliquez-les régulièrement et variez les plaisirs pour ne pas vous lasser. Un jour vous pourrez enfin répondre oui à cette grande question ! Et si vous parvenez à dire haut et fort que vous êtes heureux, alors bravo ! J'ai une bonne nouvelle pour vous : vous allez pouvoir rester heureux facilement et toute votre vie si vous le souhaitez !

LES CLÉS POUR ENTRETENIR LE BONHEUR

Clé n° 1 : Anticipez votre bonheur

Régulièrement prenez quelques instants pour savourer tout ce que la vie vous offre de plus beau. Pensez à exprimer votre gratitude envers la vie, envers les autres et même envers vous-même ! Soyez fier de vos progrès et autorisez-vous à rêver d'une vie encore et toujours plus belle. Prenez juste le temps une fois par mois, de faire le point sur tout ce qui va, tout ce qui pourrait aller mieux et visualisez la situation une fois que ce mieux sera atteint. Anticipez votre bonheur, n'attendez pas qu'il vienne tout seul à vous. Ainsi, vous laisserez beaucoup moins de place aux difficultés et si elles se présentent à vous, vous parviendrez d'autant plus à les surmonter.

EXERCICE POSITIF :
VOTRE BILAN POSITIF MENSUEL

Chaque premier dimanche du mois, par exemple, prenez une demi-heure pour faire votre bilan positif du mois. Prenez tout d'abord le temps de relire tous vos bilans du soir, puis, complétez les phrases suivantes sur votre carnet positif :
Ce mois-ci, je suis content(e) car...
Ce mois-ci, je suis satisfait(e) de moi car...
Ce mois-ci, je suis fier(e) de moi car...
Et ce mois-ci, je suis reconnaissant(e) à la vie car...
Et pour le mois suivant :
Je serai content(e) car...
Je serai satisfait(e) de moi car...
Je serai fier(e) de moi car...
Je serai reconnaissant(e) à la vie car...

Clé n° 2 : Lâchez prise sur les difficultés

Il s'agit simplement de parvenir à ne plus porter d'attention et d'énergie inutiles sur des émotions, des événements ou des personnes qui vous ralentissent, vous « pèsent» » ou vous tirent vers le bas ! Concrètement, vous pouvez lâcher prise sur les personnes que vous n'appréciez pas particulièrement, sur le regard des autres, sur les embouteillages, sur un retard exceptionnel, sur un souvenir traumatisant du passé, sur une situation récente qui vous tracasse, sur une pression que vous vous mettez pour telle ou telle raison.

EXERCICE POSITIF :

SIX TRUCS POUR LÂCHER PRISE

Petits trucs faciles et pratiques à mettre en application dès aujourd'hui :

1. Se limiter à cinq minutes d'attention sur une pensée désagréable ! Au-delà, trouver quelque chose d'agréable à faire ou à penser pour compenser !
2. Durant ces cinq minutes, identifier clairement quelle est l'émotion ressentie et la nommer : peur, colère, tristesse, rancœur, inquiétude, angoisse ?
3. Durant ces cinq minutes, trouver l'émotion inverse à cette émotion et trouver comment agir concrètement dans l'heure qui vient pour provoquer cette émotion inverse ?
4. Durant ces cinq minutes, se demander ce qu'il y a finalement de bon à tirer de cette situation ? Il y a toujours un bénéfice, même à la pire des situations !
5. À la fin de ces cinq minutes, prendre trois profondes respirations ! Inspirez au maximum par le nez, restez trois secondes en apnée les poumons pleins, puis expirez lentement par la bouche.
6. Suite à ces cinq minutes, passez à l'action ! Faites ce qui pourra provoquer une émotion agréable inverse, dans une action qui n'a rien à voir même avec la situation de départ !

Clé n° 3 : Préservez des rituels

Malgré notre aspiration à la liberté et à la spontanéité, nous avons tous aussi besoin d'un minimum de rituels dans nos vies, ne serait-ce que pour avoir des repères dans le temps, mais aussi des repères de stabilité. D'ailleurs, si vous y réfléchissez, vous avez déjà des rituels : des rituels personnels (je fais toujours la vaisselle le soir avant de me coucher), des rituels sociaux (nous sortons toujours une bouteille de muscat pour trinquer à l'apéritif avec nos amis), des rituels professionnels (chaque lundi, une réunion d'équipe), etc. Ces rituels rythment vos vies. Préservez particulièrement tous les rituels que vous affectionnez et supprimer ceux qui vous enferment !

EXERCICE POSITIF :

VOS RITUELS PLAISIR

Prenez votre carnet positif et notez-y tous les petits moments qui se reproduisent chaque jour, tous ces petits rituels instaurés, qui vous procurent du plaisir. Du petit moment où vous ouvrez vos volets et où vous découvrez toujours avec plaisir votre beau jardin à la petite chanson que vous chantez à vos enfants au moment du brossage de dents, en passant par le petit bisou du matin à votre compagnon avant de partir au travail. Repensez à chaque instant de vos journées et listez tous ces agréables petits moments ritualisés.

Clé n° 4 : Variez les plaisirs

Comme pour toute chose, le trop tue le bien. Une fois que vous aurez trouvé des moyens de vous faire plaisir, pensez à varier ces plaisirs. Comme le décrit si bien Tal Ben Shahar, « le professeur du bonheur » de Harvard, dans son Principe des Lasagnes, même s'il ne résiste pas aux délicieuses lasagnes de sa mère, il ne pourrait pourtant pas les apprécier autant s'il en mangeait tous les jours. L'habitude crée la lassitude. La variété crée la dynamique et le bonheur.

EXERCICE POSITIF :
DIX PLAISIRS POUR LE PRIX D'UN

Prenez votre carnet positif et lister dix petits plaisirs qui vous permettraient :

– de sourire :
– de rire :
– d'être en pleine forme :
– d'être fier de vous :

Et quand vous aurez envie de retrouver le sourire, de rire, d'être en forme ou d'être fier de vous, pensez à tous ces moyens qui peuvent vous y aider !

Clé n° 5 : Partagez votre bonheur

Comme nous l'avons déjà vu, le partage des émotions multiplie les émotions. Pour entretenir le bonheur, partagez-le donc ! Vous pouvez le partager sous forme écrite, par une correspondance, sur un blog sur Internet ou en écrivant un livre sur votre bonheur même. Vous pouvez aussi bien le partager de vive voix, en discutant avec vos proches, en rejoignant un atelier du bonheur ou bien en devenant vous-même animateur du bonheur, pourquoi pas ? Partagez-le dans les faits, dans l'action, en rejoignant des groupes de solidarité, des associations bénévoles ou humanitaires. Votre bonheur fera du bien à d'autres ! Soyez-en sûr !

EXERCICE POSITIF :
LA PROPAGATION DE VOTRE BONHEUR

Pensez à trois personnes que vous aimeriez voir plus heureuses. Trouvez ce que vous pourriez faire à votre niveau pour contribuer au bonheur de chacun. Puis proposez-leur d'en faire autant ensuite à leur tour avec trois autres personnes chacune, de manière à ce que, de façon exponentielle, très rapidement, de très nombreuses personnes puissent être plus heureuses et rendre plus heureuses d'autres personnes encore.

Clé n° 6 : Demandez et acceptez de l'aide

Demander de l'aide, c'est faire plaisir à vos proches, c'est renforcer un lien, valoriser l'autre, le rendre fier, accentuer la confiance réciproque qui vous unit ! Évidemment, l'autre peut aussi avoir un empêchement, ne pas être disponible ou ne pas être capable de vous apporter l'aide dont vous avez besoin. Mais rien que le fait que vous puissiez lui demander lui fera plaisir (à vous ensuite de ne pas culpabiliser la personne si elle semble dépourvue de solutions pour vous aider). Quoi qu'il en soit, savoir demander et accepter de l'aide reste un excellent moyen d'améliorer la situation. Si vous sentez que vous ne parvenez pas à vous sentir mieux après avoir lu ce livre, alors que vous sentez bien tout son intérêt, vous êtes libre de demander de l'aide à une personne extérieure et compétente en la matière : psychologue, thérapeute, sophrologue, conseillère en image, kinésiologue, en fonction de vos croyances, de vos intérêts et de vos goûts. De nombreux professionnels peuvent vous aider à retrouver le sourire, à vous épanouir et donc à vous rapprocher du bonheur.

EXERCICE POSITIF :
AIDER ET ACCEPTER D'ÊTRE AIDÉ(E)

Rappelez-vous la dernière fois que vous avez aidé une personne, quelles émotions avez-vous ressenties lorsqu'elle vous a demandé de l'aider ou lorsqu'elle a accepté votre aide ? Qu'avez-vous ressenti ensuite au moment même où vous l'aidiez ? Et qu'avez-vous ressenti ensuite ? Notez vos réponses dans votre carnet positif afin de pouvoir y revenir plus tard.

PROJETS DE VIE, PROJETS DE BONHEUR

LE BONHEUR SE CONSTRUIT DANS LE TEMPS

Plusieurs recherches en psychologie positive s'accordent à dire que l'un des facteurs communs chez les personnes heureuses est leur capacité à se projeter dans l'avenir, à se fixer des objectifs à court, moyen et long termes. À court terme, nous avons vu comment vous fixer de petits objectifs personnels concrets, voyons maintenant comment vous fixer des objectifs plus larges et à plus long terme. Parlons alors dans ce cas de projets de vie.

La majorité d'entre vous avez un ou deux projets de vie depuis votre enfance, tels que se marier un jour, avoir des enfants, vivre dans une grande et belle maison, etc. Se projeter ainsi vous permet d'avoir un horizon rassurant, un but à atteindre. Plus ce projet de vie est positif, plus vous tendrez vers une vie qui vous rapprochera de ce résultat positif, par conséquent, plus votre vie sera agréable, et ce, même si vous êtes amené à vivre des hauts et des bas.

Avoir des projets de vie permet aussi de donner du sens à ce que vous faites. Or, rappelez-vous, le bonheur dépend à la fois du plaisir que vous prenez à vivre l'instant présent, mais aussi de l'espoir que vous avez d'un avenir meilleur, et donc du sens que vous donnez à cet instant présent par rapport à cet avenir idéal, à ce projet de vie, à ce projet de bonheur.

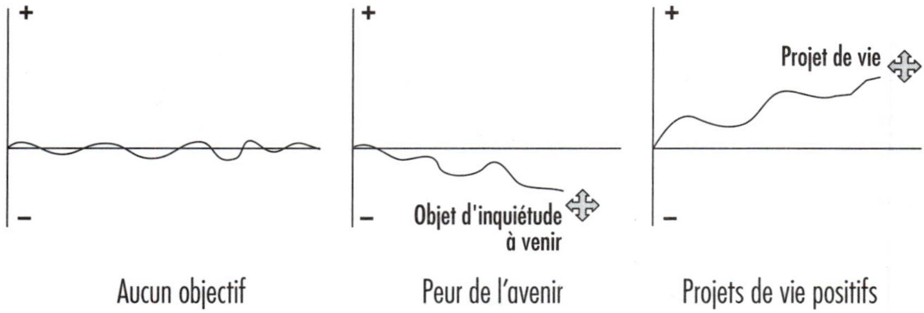

Le bonheur se construit dans le temps

Voici une histoire qui m'a vraiment permis de prendre conscience de cette notion lorsque je l'ai lue pour la première fois. Boris Cyrulnik est psychiatre, neurologue, psychanalyste et il est particulièrement connu pour avoir développé le concept de « résilience » (renaître de sa souffrance). Il lui arrive souvent de citer la fable des casseurs de cailloux suivante.

Charles Péguy va en pèlerinage à Chartres. Il voit un type fatigué, suant, qui casse des cailloux. Il s'approche de lui : « Que faites-vous, Monsieur ?

– Vous voyez bien, je casse des cailloux, c'est dur, j'ai mal au dos, j'ai soif, j'ai chaud. Je fais un sous-métier, je suis un sous-homme. »

Continuant, il voit plus loin un autre homme qui casse des cailloux, lui n'a pas l'air mal : « Monsieur, que faites-vous ?

– Eh bien, je gagne ma vie. Je casse des cailloux, je n'ai pas trouvé d'autre métier pour nourrir ma famille, je suis bien content d'avoir celui-là. »

Poursuivant son chemin, Charles Péguy s'approche d'un troisième casseur de cailloux, souriant, radieux : « Moi, Monsieur, dit-il, je bâtis une cathédrale. »

Quand on a une cathédrale dans la tête, on ne casse pas les cailloux de la même façon.

L'action est la même, c'est la représentation et le sens de cette action qui diffèrent. Le bien-être, c'est le présent, l'ici et maintenant, une part essentielle au bonheur. Mais le bien-être ne suffit pas pour être heureux. Le bonheur se construit dans le temps et dans le partage.

EXERCICE POSITIF : **VISUALISATION POSITIVE**

Prenez votre carnet positif et projetez-vous dans dix ans, décrivez-vous dans un avenir idéal, en vous concentrant sur chacun des piliers de vie, en idéalisant vos relations avec les autres, et en exprimant particulièrement toutes les émotions que vous ressentiriez alors dans ces conditions idéales à ce moment-là. Prenez bien le temps de ressentir ici et maintenant ces émotions idéales à venir.

LE BONHEUR SE CONSTRUIT DANS LE PARTAGE

Un projet de vie se fait souvent à plusieurs : c'est avec la personne que vous aimez que vous projetez de vous marier, de faire des enfants, de voyager à travers le monde, de construire votre maison, de vivre jusqu'à 100 ans et voir grandir vos arrière-petits-enfants. Le bonheur, c'est à la fois profiter de l'instant présent ensemble et avoir des projets d'avenir, des projets de vie, des projets de bonheur en commun.

L'homme a besoin des autres pour apprendre, pour évoluer et pour s'épanouir. David Servan-Schreiber, psychiatre français particulièrement connu pour ses incontournables livres *Guérir* et *Anticancer* (tous deux publiés aux éditions Robert Laffont), s'est fait un cheval de bataille en particulier de prouver l'importance de nos liens sociaux dans la guérison. Il a prouvé ainsi de plus en plus à mesure de ses recherches que l'isolement social accélère le développement des maladies telles que le cancer, la dépression ou l'anxiété, et que le fait de rester relié à d'autres personnes permet de ralentir ou d'empêcher leur développement, voire même d'en guérir.

Dans votre quotidien, il ne tient alors qu'à vous de multiplier les occasions de partager vos instants de bien-être et de plaisir avec vos proches, mais aussi de construire votre avenir dans des projets de vie et de bonheur à venir communs.

EXERCICE POSITIF :

CRÉEZ UN PROJET DE BONHEUR COLLECTIF

Et si vous proposiez à une ou plusieurs personnes proches d'élaborer un projet ensemble pour dans dix ans ? Prenez le temps et le plaisir d'échanger sur les idées de projets de bonheur communs possibles, sur les moyens possibles à mettre en œuvre pour y arriver, sur le plan d'action à mettre en place et évidemment sur les émotions que vous ressentiriez tous ensemble une fois le projet abouti, mais aussi tout au long du chemin pour parvenir à cet aboutissement.

NOS VALEURS DE VIE DANS NOS PROJETS DE BONHEUR

Avant de clore ce livre, il est une notion essentielle dont je tenais aussi à vous parler : la notion de valeur de vie. Vos valeurs de vie sont vos guides inconscients tout au long de votre existence. Vous pensez et agissez en fonction de vos valeurs de vie, et ce, que vous en ayez conscience ou non. Certaines valeurs, telles que l'amour ou l'amitié sont évidentes pour la plupart d'entre vous. Mais vous êtes tous animés par différentes valeurs.

Posez-vous la question ! Quelle est la place et le rôle de vos valeurs de vie dans votre bonheur ? Le sens que vous donnez à vos vies dépend de beaucoup de ces valeurs. Il est donc primordial de tenir compte de vos valeurs pour établir vos projets de vie et donc vos projets de bonheur.

Mais comment définir une valeur de vie ? C'est très simple : une valeur de vie est une chose qui a de la valeur à vos yeux, que rien au monde ne pourrait acheter ou remplacer. Quelle somme pourrait acheter l'amour que vous avez pour vos enfants ? L'amour n'a pas de prix, l'amour a de la valeur.

Avoir conscience de la valeur de l'amour vous permet d'apprécier d'autant plus les instants présents d'amour et vous permet d'intégrer cette valeur dans vos projets de bonheur. Prenez donc le temps de vous interroger sur vos valeurs de vie. Voici deux exercices qui vous permettront d'identifier certaines de vos valeurs de vie, mais aussi d'en ressentir l'impact dans votre vie.

EXERCICE POSITIF :
DÉFINIR SES VALEURS DE VIE

Pensez à une personne qui est précieuse pour vous. Par précieuse, j'entends une personne qui a tellement de valeur à vos yeux qu'aucune somme d'argent ni rien au monde ne pourrait acheter ou remplacer cette relation et ce sentiment qui vous relie à elle.

Réfléchissez maintenant à tout ce qui rend cette personne précieuse pour vous : qu'a-t-elle de plus que les autres ? En quoi est-elle si irremplaçable, si unique, si belle, si précieuse pour vous ?

Résumez vos réponses en trois ou quatre mots clés et vous obtiendrez certaines de vos principales valeurs de vie. Et notez évidemment vos réponses dans votre carnet positif afin de pouvoir y revenir plus tard.

EXERCICE POSITIF :
ANALYSE POSITIVE DE VOTRE EXPÉRIENCE PAR VOS VALEURS DE VIE

Parmi les mots suivants, choisissez-en 5 qui font parti de vos priorités dans la vie :
Accomplissement – Aide – Amitié – Amour propre – Apprentissage – Argent – Aventure – Cadre – Choix – Communauté – Compétition – Confiance – Contacts – Coopération – Créativité – Défi – Distinction – Diversité – Enthousiasme – Équilibre – Excellence – Famille – Fantaisie – Fortune – Gloire – Gratification – Harmonie

– Honnêteté – Implication – Indépendance – Intégrité – Intimité – Justice – Loyauté – Maîtrise – Moralité – Paix – Passion – Politique – Pouvoir – Prestige – Progression – Promotion – Qualité – Reconnaissance – Respect – Réussite – Risques – Routine – Sécurité – Sens artistique – Statut – Temps.

Puis prenez votre carnet positif et décrivez une expérience positive de votre vie qui pourrait illustrer l'importance de chacune de ces valeurs dans votre vie.

Étant donné que ces valeurs donnent du sens à votre vie, les prendre en compte dans l'élaboration de vos projets de vie ne peut que vous aider à leur donner plus de sens. Par exemple, si vous envisagez de voyager à travers le monde, votre projet de bonheur à long terme sera à déterminer de façon différente si l'une de vos valeurs de vie est l'aventure ou la sécurité, la diversité ou la stabilité. Dans la notion de projets de bonheur collectif, il est alors essentiel de prendre en compte les valeurs de vie des différentes personnes impliquées. Toutes les alliances sont possibles à partir du moment où vous tenez compte des valeurs de chacun. Imaginez que vous vous associez professionnellement avec un ami qui a pour principale valeur de vie professionnelle la compétition, alors que vous avez vous-même une valeur de vie professionnelle de collaboration. Rien ne vous empêche de monter des projets professionnels ensemble pour autant : il suffit de collaborer tous les deux pour établir des projets incluant de la compétition avec des concurrents par exemple.

En résumé, sur le chemin du bonheur, prenez le temps d'apprécier l'instant présent, de le partager avec autrui. Prenez le temps de vous projeter vers un avenir idéal en établissant des projets de vie, des projets de bonheur, personnels et collectifs et ce, en tenant compte de vos valeurs de vie personnelles et respectives. Le bonheur sera alors forcément au bout du chemin… et vous serez même déjà heureux en y allant !

CONCLUSION

En sortant de mon bureau la semaine dernière, un jeune polonais de 30 ans que je reçois seulement pour la seconde fois, ose timidement me demander : « Dites-moi, et vous ? Comment faites-vous pour être toujours aussi positive et heureuse ? » Cette question m'a semblé si pertinente ! Je lui ai répondu très simplement et avec un grand sourire : « En appliquant moi-même tout ce que je peux vous apprendre comme technique ou comme exercice positif. Et en faisant ce que vous venez juste de faire, en interrogeant les personnes qui me semblent heureuses. »

La vie est belle. J'en ai très vite pris conscience et plus le temps passe plus je la trouve merveilleuse. La psychologie positive a changé ma vie. Désormais, ce n'est plus seulement un déclic positif qui me permet d'être plus heureuse de jour en jour, mais bien plusieurs déclics positifs par jour ! La connaissance de soi, des autres, de la vie, de la science, des relations, de la psychologie, des nouvelles technologies, des techniques de développement personnel et j'en passe, est sans fin. C'est un réel plaisir d'apprendre chaque jour un peu plus comment être encore et toujours plus heureux. Je suis désormais en quête permanente de tout ce qui rend les gens heureux, je prends beaucoup de plaisir à observer, discuter, comprendre le fonctionnement des personnes que je croise qui semblent heureuses, épanouies, joyeuses, légères, équilibrées ou rayonnantes. Je ne cesse de lire des livres, des articles, des informations sur tout ce qu'il y a de plus beau dans notre monde et en chacun de nous. Cela peut vous surprendre, mais je fais le point sur mes piliers de vie très régulièrement, veillant à toujours maintenir un niveau de bien-être émotionnel élevé sur chacun de mes piliers, en permanence. Personnellement, pour moi il s'agit bien d'une quête permanente, de chaque instant.

Je transmets toutes mes nouvelles connaissances, je partage les résultats de mes expériences positives personnelles et de mes exercices positifs au plus grand monde, dans ma vie de tous les jours et dans le cadre professionnel. Plus je partage, plus je reçois en retour. Les personnes de mon entourage ont désormais pris l'habitude de me parler de tout ce qui les rend heureux, ils partagent avec moi leurs petites joies et leurs grands plaisirs. Souriez, et la vie vous sourira. Tous les jours je reçois de la gratitude, de la reconnaissance et de nouvelles connaissances aussi, à partir de l'expérience de certains suite à nos échanges.

Inutile d'être psychologue pour aider les autres à être plus heureux. Inutile d'avoir fait de grandes études pour apporter régulièrement une petite dose de bonheur à votre entourage et même à des personnes inconnues ou virtuelles. Le simple fait de partager vos moments de bonheur participe au bonheur des autres. Alors savourez chaque instant de plaisir et de bien-être, de gratitude et de reconnaissance, de satisfaction et de fierté, de générosité et d'amour… et partagez toutes ces belles émotions au plus grand monde ! LA VIE EST BELLE !

REMERCIEMENTS

Sans eux, je ne serais pas sur Terre, ils m'ont transmis des valeurs inestimables, je ne remercierai jamais assez mes parents de m'avoir permis d'en arriver à ce niveau de bonheur actuel. Merci à vous deux du fond du cœur.

Sans lui, je ne serais pas aussi comblée en amour, en équilibre de vie. Il est mon mari, mon meilleur ami, mon confident, mon amant, mon complice et même mon associé dans l'entreprise et l'association que nous avons créées ensemble, c'est le plus beau, le plus fort et le plus intelligent. Merci à toi d'être là et d'être ce que tu es… du fond du cœur.

Sans eux, je ne serais pas une maman comblée de bonheur ! Mes deux petites princesses et mon petit gars, ils m'apportent ces petits moments de plaisir quotidien, me ressourcent, me font grandir aussi et m'ont permis de réaliser quelles étaient mes valeurs de vie : l'authenticité, la simplicité, l'amour et le plaisir. Merci à vous trois mes anges, du fond du cœur.

Sans eux, je n'aurais pas eu le bonheur de vivre tant de moments d'émotions ces dernières années. Anelor et Cyrille, Mélanie et July ont une telle place dans ma vie qu'en plus d'être des amis, ils sont devenus des associés ou des partenaires dans des projets essentiels de ma vie. Ils m'apportent tellement d'énergie positive chaque jour ! Merci à vous tous du fond du cœur.

Sans lui, je n'aurais pas fini la première édition de ce livre. Il a été mon mentor durant quelques années, je lui dois tellement d'un point de vue professionnel, que je ne saurais assez le remercier avec des mots. C'est en offrant à Fabrice la possibilité d'écrire la préface de la première édition de ce livre que j'espère lui avoir rendu un minimum hommage pour sa contribution à la finalisation de ce livre, mais aussi pour toute l'énergie qu'il a mis à soutenir tant mes démarches professionnelles que mes idées et ma passion pour la psychologie positive. Merci à toi, Fabrice, du fond du cœur.

Sans lui, je douterai encore parfois de la reconnaissance en France de la Psychologie Positive comme une science tout aussi essentielle que toutes les sciences humaines. Jacques Lecomte, fondateur et membre d'honneur de l'Association française et francophone de Psychologie Positive (AFFPP), m'a permis de m'engager encore plus dans ma promotion et le développement de la Psychologie Positive en France. Son exemple et sa persévérance face à des institutions pas toujours accueillantes pour ces nouvelles approches de la psychologie m'ont prouvé que quand on se donne les moyens et qu'on agit en pleine conscience et en pleine cohérence avec qui l'on est et avec ses valeurs, le monde change ! Alors merci Jacques d'avoir contribué à l'évolution du monde et merci de m'avoir encouragée à y contribuer encore et toujours plus à mon tour !

Sans eux, ce livre ferait l'effet du coup de couteau dans l'eau. Merci à toutes les personnes engagées chacune à leur niveau dans le développement et la promotion de la Psychologie Positive en France et dans le monde entier ! Des membres de l'AFFPP, en passant par les différents auteurs traitant de ce sujet, sans oublier tous les conférenciers et formateurs, membres du réseau des ateliers du bonheur ! Merci à tous pour votre engagement pour un monde où le bonheur est de plus en plus apprécié à sa juste valeur.

Sans eux, je n'aurais pas eu le plaisir de découvrir le monde de l'édition avec une telle simplicité. Stéphane Leduc, directeur des éditions Leduc.s, ainsi que son équipe éditoriale qui m'ont permis de faire mes premiers pas en tant qu'auteur, dans une ambiance aussi riche professionnellement qu'émotionnellement. Merci à vous du fond du cœur.

À toute ma famille et à tous mes amis, pour tout ce que vous m'apportez chacun à votre niveau, merci du fond du cœur.

À toutes les personnes qui sont venues me consulter, au cabinet, par Internet, lors de journées positives ou autres… Merci pour votre confiance, votre soutien et votre générosité, merci du fond du cœur.

INDEX DES EXERCICES POSITIFS

BIBLIOGRAPHIE

ACHOR Shawn, *Comment devenir un optimiste contagieux*, trad. Odile Van de Moortel, préf. Florence Servan-Schreiber, Belfond, mai 2012, coll. « L'Esprit D'ouverture ».

ANDRÉ Christophe, *Vivre heureux. Psychologie du Bonheur,* Odile Jacob, septembre 2004, coll. « Poche Odile Jacob ».

ANDRÉ Christophe, *Imparfaits, libres et heureux. Pratiques de l'estime de soi*, Odile Jacob, mars 2006.

ANDRÉ Christophe, *De l'art du bonheur. 25 leçons pour apprendre à vivre heureux*, L'Iconoclaste, novembre 2011, coll. « ESSAI ».

BEN-SHAHAR Tal, *L'apprentissage du Bonheur,* Belfond, avril 2010, coll. « Esprit D'ouverture ».

BEN-SHAHAR Tal, *L'apprentissage de l'imperfection,* préface de Christophe André, Belfond, Janvier 2008, coll. « Esprit D'ouverture ».

BEN-SHAHAR Tal, *Apprendre à être heureux,* Belfond, avril 2010, coll. « Esprit D'ouverture » .

BONIWELL Ilona, *Introduction à la psychologie positive,* trad. Cécile Menon, Payot, octobre 2012.

BORCARD-SACCO Monique, *Psycho Positive, mode d'emploi : prouvé scientifiquement !,* Jouvence, novembre 2011, coll. « Les pratiques Jouvence ».

COTTRAUX Jean, *La force avec soi, pour une psychologie positive*, Odile Jacob, septembre 2010, coll. « Poche Odile Jacob ».

COTTRAUX Jean, *Psychologie positive et bien-être au travail,* Masson, janvier 2012, coll. « Médecine et Psychothérapie ».

CSIKSZENTMIHALYI Mihaly, *Vivre, la psychologie du bonheur,* préface de David Servan-Schreiber, Pocket, août 2006.

DALAÏ Lama XIV, HOWARD Cutler, *L'art du bonheur : sagesse et sérénité au quotidien*, (The Art of Happiness), trad. Adrien Calmevent, J'ai lu, octobre 2008, coll . « J'ai lu », n° 5615.

DE VOGHEL Catherine, *Heureux chaque jour avec la psychologie positive*, Ixelle Éditions, avril 2012.

GAUCHER Renaud*, La psychologie positive ou l'étude scientifique du meilleur de nous-même*, L'Harmattan, mars 2010, coll. « Santé, Sociétés et Cultures ».

GOLEMAN Daniel, *L'intelligence émotionnelle,* J'ai lu, avril 2003, coll. « J'ai lu. Bien être. Psychologie ».

GILBERT Daniel Todd, *Et si le bonheur vous tombait dessus*, Robert Laffont, mars 2007.

JANSEEN Thierry, *Le d*éfi positif, Pocket, février 2013.

JEFFERS Susan, *Tremblez mais osez,* Marabout, janvier 2007, n° 3669.

KOTSOU Ilios, LESIRE Caroline, (sous la dir. de_), *Psychologie positive : le bonheur dans tous ses états,* Jouvence, août 2011, coll. « Psychologie Positive ».

KRUMM-MARTIN Charles, TARQUINIO Cyril, (sous la dir. de_), *Traité de psychologie positive*, De Boeck, juillet 2011, coll. « Ouvertures Psychologiques ».

LYUBOMIRSKY Sonja, *Comment être heureux ... et le rester,* Flammarion, mai 2008.

MANDEVILLE Lucie, *Le Bonheur extraordinaire des gens ordinaires, éditions de l'*Homme, février 2011.

MASLOW Abraham, *Devenir le meilleur de soi-même : Besoins fondamentaux, motivation et personnalité*, Eyrolles, janvier 2008.

MEHRAN Firouzeh, *Psychologie positive et personnalité*, Masson, mars 2010, coll. « Médecine et Psychothérapie ».

LECOMTE Jacques, *La bonté humaine* , Odile Jacob, mars 2012, coll. « Psychologie ».

LOREAU Dominique, *L'art de la simplicité*, Robert Laffont, mars 2005.

QUOIDBACH Jordi, *Pourquoi les gens heureux vivent-ils plus longtemps,* Dunod, octobre 2012, coll. « Petites expériences de la psychologie ».

RICARD Matthieu, *Plaidoyer pour le bonheur,* Pocket, octobre 2004, coll. « Littérature ».

RUBIN Gretchen, BERNARD Daphné, *Opération bonheur. Une année pour apprendre à chanter, ranger ses placards, se battre s'il faut, lire Aristote, être heureux*, Belfond, novembre 2011, coll. « Esprit D'ouverture ».

SELIGMAN Martin, *La force de l'optimisme,* Intereditions, avril 2008. Coll. « Techniques de développement ».

SELIGMAN Marin, LECOMTE Jacques, *La fabrique du bonheur,* Intereditions, mai 2011.

SALOME Jacques, *Pourquoi est-il si difficile d'être heureux* Albin Michel, septembre 2007.

SERVAN-SHREIBER Jean-Louis, *Vivre content*, Lgf, janvier 2005, n° 30251.

SERVAN-SCHREIBER Florence, *3 kifs par jour (et autres rituels recommandés par la science pour cultiver le bonheur)*, Marabout, Février 2011

SERVAN-SHREIBER David, *Guérir le stress, l'anxiété, la dépression sans médicaments ni psychanalyse*, Robert Laffont, mars 2003, coll. « Réponses ».

SHANLAND Rebecca, *La psychologie positive*, Dunod, septembre 2012.
THALMANN Yves-Alexandre, *La psychologie positive : pour aller bien,* Odile Jacob, octobre 2011, coll. « Santé ».

MES RÉFÉRENCES WEBOGRAPHIQUES

Vous l'aurez compris, je fais partie de la génération Internet et afin de partager aussi mes ressources internet avec vous, je vous propose un recueil des sites qui ont tout autant influencé mon parcours professionnel, jusqu'à l'aboutissement de ce livre. Là encore, prenez le temps de vous faire du bien en partant à la découverte des bienfaits du bien-être virtuel.

- www.authentichappiness.sas.upenn.edu (anglais)
- http://happinessclub.com (anglais)
- http://psychologie-positive.blogspot.com
- www.atelierdubonheur.net
- www.psychologie-positive.net
- www.psychologiepositive.info
- http://psychologiepositiveautravail.blogspot.com
- www.club-positif.com
- www.filmsbonheur.com
- http://fr.wikipedia.org/wiki/Psychologie_positive
- www.psychologies.com
- www.psychologie.fr

À PROPOS DE L'AUTEUR

Retrouvez-moi sur Internet :

- www.psychologue-montpellier.fr
- http://psychologie-positive.blogspot.fr
- www.facebook.com/psychologue.montpellier
- www.youtube.com/cecileneuvillepsy
- http://blog.aujourdhui.com/cecileneuville
- http://www.zenpro.netformation-professionnelle-montpellier
- www.atelierdubonheur.net

TABLE DES MATIÈRES

Découvrez aussi, aux éditions Quotidien Malin

10 ÉTAPES POUR UNE VIE POSITIVE

Windy Dryden

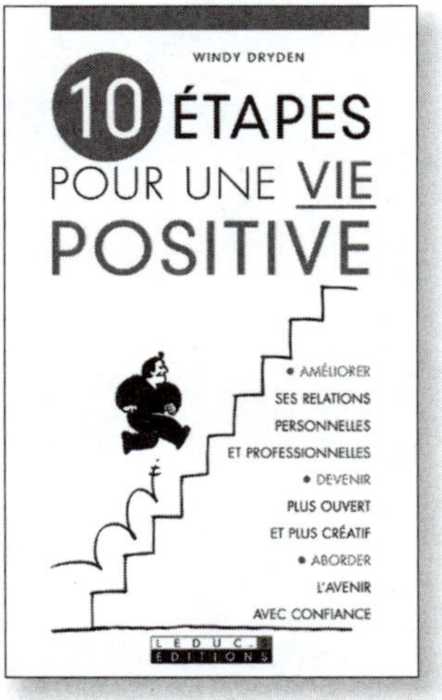

ISBN : 978-2-84899-500-7
Format : 11 x 17,8 cm
Pages : 160
Prix : 6 euros

Chassez vos idées noires et prenez la vie du bon côté !

Pour retrouver le sourire, il faut apprendre à adopter un état d'esprit positif face aux situations de la vie. Dans ce livre, découvrez la méthode simple et efficace pour avoir confiance en vous, améliorer vos relations avec les autres, devenir plus ouvert, et aborder l'avenir avec sérénité.

LA COLLECTION DES 100 LOIS

Richard Templar

Chaque jour, mettez en pratique une nouvelle Loi. Promis, elles sont très simples mais leur pouvoir est inestimable…

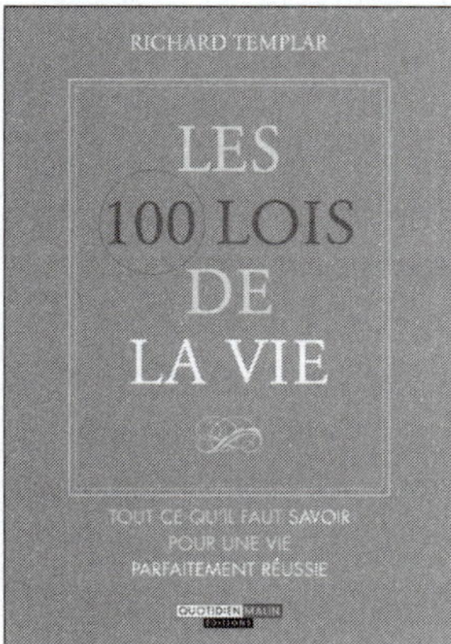

LES 100 LOIS DE LA VIE
ISBN : 978-2-84899-597-7
Format : 14 x 20 cm
Pages : 240
Prix : 12 euros

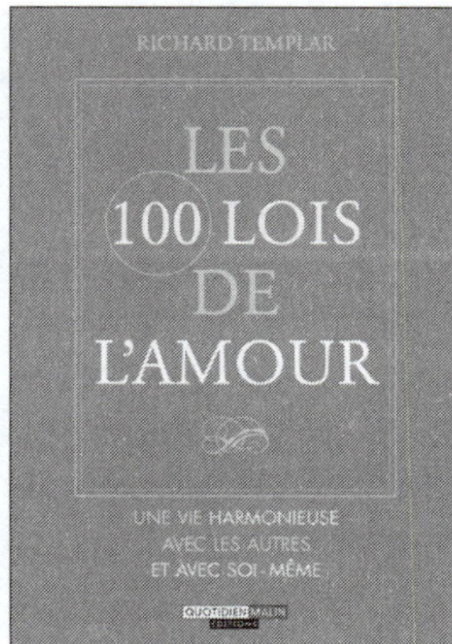

LES 100 LOIS DE L'AMOUR
ISBN : 978-2-84899-598-4
Format : 14 x 20 cm
Pages : 240
Prix : 12 euros

LES 100 LOIS DE LA FAMILLE
ISBN : 978-2-84899-599-1
Format : 14 x 20 cm
Pages : 256
Prix : 12 euros

LE BONHEUR

ECKART VON HIRSCHHAUSEN

ISBN : 978-2-84899-469-7
Format : 16 x 22,5 cm
Pages : 532
Prix : 20,50 euros

Comment expliquer que, même en vivant dans l'un des pays les plus riches du monde, notre BIP (bonheur intérieur brut) soit aussi médiocre ? La réponse, vous la connaissez déjà sûrement : nous sommes parfaitement adaptés à la recherche du bonheur, mais fondamentalement inaptes à le trouver et à être heureux ! Mais ce n'est pas une fatalité !

Vous voudriez recevoir notre catalogue par la Poste ? On vous l'enverra avec grand plaisir. Il vous suffit de photocopier, recopier ou découper ce formulaire et nous le retourner complété à :

Éditions Leduc.s, 17 rue du Regard, 75006 Paris

NOM : ....

PRÉNOM : ....

ADRESSE : ....

....

CODE POSTAL : ....

VILLE : .... PAYS : ....

Si vous souhaitez être tenu au courant de nos publications et de l'actualité de nos auteurs, et/ou recevoir notre catalogue au format PDF, complétez les champs ci-dessous :

E-MAIL : ....@...

Nous souhaiterions mieux vous connaître :

Quelle est votre ANNÉE DE NAISSANCE : ....

et votre PROFESSION : ....

Magasin dans lequel vous avez acheté ***Le secret du bonheur permanent*** :

....

Nous sommes à votre écoute : faites-nous part de vos suggestions et de votre avis sur le livre que vous venez de lire :

....

....

....

....

....

....

....

À .... LE ....

MERCI ET À BIENTÔT !

Vous pouvez aussi prendre contact avec notre service client à **info@editionsleduc.com** et nous retrouver sur le site : **www.editionsleduc.com**.

Conformément à la loi Informatique et Libertés du 6 janvier 1978, vous disposez d'un droit d'accès et de rectification aux données personnelles vous concernant.

Achevé d'imprimer en Espagne
sur les presses de Novoprint
Dépôt légal : mai 2013